공감유랑

나를 찾는 여행 쫌 아는 10대

진로
좀 아는
십 대
02

나를 찾는 여행

서와 글·그림

쫌 아는 10대

낯선 길 위에서 하고 싶은 일을 만나다

낯선 길 위에서 한 걸음씩

'여행' 하면 떠오르는 풍경과 느낌은 사람마다 다르다. 저마다 가진 이야기가 다를 테니 말이다. 나에게도 '여행' 하면 떠오르는 추억이 있다. 차근차근 지난 시간을 꺼내어 보다 보면 그때 풍경과 기분과 공기가 느껴진다. 추억은 생각보다 꽤 튼튼하다. 오래되어도 쉽게 바래거나 상하지 않는다. 시간이 지나면 느낌과 빛깔이 달라지기도 하지만, 그 나름대로 의미가 있다.

모든 여행에는 목적지까지 가는 과정이 있다. 이따금 목적지가 없는 여행을 할 때도 있지만, 어딘가로 걸음을 내딛는 과정은 어떤 여행에서든 필요하다. 그래서 여행은 길을 나서는 첫걸음에서부터 시작된다. 때로는 목적지에 도착해 둘러본 시간보다 그곳을 찾아가는 과정이 더 기억에 남기도 한다. 내가 생각하지 못했던 순간들이 그 길에 담기기 때문이다. 기대하지 않았던 멋진 풍경을 만나기도 하고, 우연히 고개 끄덕이며 이야기를 나눌 사람을 만나기도 한다. 새로운 고민이 나에게 던져지기도 하고, 길을 찾아가면서 내가 몰랐던 나를 만날 때도 있다.

그래서 나는 어떻게 될지 모르는 틈이 있는 여행을 좋아한다. 그 틈이 여행에 감칠맛을 더해 주기 때문이다. 틈을 비워 두면 그 시간은 무엇으로든 채워진다. 혼자일 수도, 함께일 수도, 별일 없이 흘러갈 수도, 오래 기억에 남을 특별한 일이 일어날 수도 있다. 하지만 어떤 모습이라도 괜찮은 게 여행 아닐까? 나에게 주어진 시간을 잘 누리면 그만이다. 그냥 흘러가는 대로, 자연스럽게.

나를 채우는 추억을 찬찬히 꺼내어 보면 여행은 조금씩 조금씩 나에게 닿아 가는 과정이었다. 초등학교를 졸업하고 홈스쿨링을 한 나에게 여행은 삶을 배우는 커다란 책 같았다. 그 시간을 빼놓고 지금 나를 이야기할 수 있을까? 지금부터 내 안에 가득 담아 온 이야기를 하나씩 꺼내어 보려고 한다. 낯선 길 위에서 한 걸음씩 '나'를 찾아가는 이야기가 다른 이에게는 또 다른 길을 비추는 작은 손전등이 될 수 있다면 좋겠다. 내가 생각하지 못한 곳에서 새로운 길을 만나 걸어온 것처럼 말이다.

차례

1장

서와책 첫 페이지

우리는 모두 달라서 어쩔 수 없이

크고 작은 편견과 오해 속에서 살아요.

그 이야기를 꾸밈없이 진솔하게 전할 수만 있다면

사람책이 될 수 있어요.

'사람책 도서관'을 아시나요? 2000년 덴마크

에서 'Living Library'라는 이름으로 처음 소개된 뒤로 세계 70개국의 나라에

사람책 도서관이 생겨나기 시작했어요. 우리나라에도 사람책을 빌릴 수 있는

도서관이 하나둘 생기고 있어요.

사람책을 빌리면 그 사람이 삶에 담아 온 이야기를 듣고 질문하며 생각을 나

눌 수 있어요. 책을 쓴 저자와 마주앉아 함께 책을 읽고 이야기를 나누는 셈이

지요. 아이와 함께 살아가는 이야기를 나누기도 하고, 여행을 다녀온 이야기를

하기도 하고, 취업 준비를 하며 겪는 일들과 마음에 대해 이야기를 나누는 사람

책도 있어요.

사람책 도서관은 2000년 덴마크에서 열린 '로스킬레 페스티벌(Roskilde

Festival)'이라는 음악 축제에서 시작되었어요. 덴마크 청년 단체 '스톱 더 바이올

런스(Stop The Violence, 폭력을 멈춰라)'가 선보였지요. 1993년에 코펜하겐 청년 5명

이 모여 만든 단체예요.

스톱 더 바이올런스를 함께 시작한 사회운동가 로니 에버겔(Ronni Abergel)은

반항심으로 청소년기를 함부로 보냈다고 해요. 그러다 얽히게 된 폭행 사건으로 친한 친구가 칼에 맞아 죽게 되지요. 소중한 친구를 잃고서야 폭력은 아무것도 해결해 주지 못한다는 사실을 깨닫게 돼요. 그 일을 겪은 뒤로 에버겔은 편견과 고정관념이 어떻게 폭력으로 이어지는지 공부하며, 청소년 폭력 문제를 풀어 가는 사회운동가로 살아가요. 스톱 더 바이올런스는 청소년들이 스스로 폭력 문제를 해결해 갈 수 있도록 돕는 역할을 하고 있어요.

많은 사람이 편견과 고정관념을 겪으며 살아요. 로니 에버겔은 편견과 고정관념으로부터 나오는 차별과 폭력을 어떻게 풀어 갈 수 있을까 고민하던 끝에 사람책 도서관을 기획했어요. "낯선 사람은 당신이 아직 만나지 못한 친구이다." 인종 차별 반대 운동에서 오랫동안 쓰여 온 말이에요. 이 말은 사람책 도서관을 설명해 주는 말로도 쓰이고 있어요. 편견을 겪으며 살아가는 사람의 이야기를 통해 마음의 거리를 좁혀 갈 수 있다고 본 것이지요. 누군가를 알고 이해할 수 있다면 폭력은 자연스럽게 줄어들 수 있을 테니까요. 그래서 사람책이 되려면 다른 사람의 기준 때문에 편견을 경험한 사람이어야 한다는 조건이 있어요.

저는 누구나 사람책이 될 수 있다고 생각해요. 누구에게나 '삶'이 있으니까요. 살아가면서 편견을 겪지 않고 살아가는 사람이 있을까요? 우리는 모두 달라서 어쩔 수 없이 크고 작은 편견과 오해 속에서 살아요. 그 이야기를 꾸밈없이 진솔하게 전할 수만 있다면 사람책이 될 수 있어요.

사람책 도서관의 좋은 점 중의 하나는 누구나 열 수 있다는 거예요. 청소년 사람책이 되어 대학 입시를 위해 치열하게 살아가고 있는 이야기를 꺼내어 보면 어떨까요? '왜 우리에게 다른 선택지가 없을까?' 하는 질문을 던져 보는 거지요. 청소년들이 자기 삶을 마음껏 풀어놓고 이야기할 수 있는 공간이 많아지면 좋겠어요.

저에게는 부모님께서 지어 주신 김예슬이라는 이름 말고 스스로 지은 '서와'라는 이름이 하나 더 있어요. 18살에 '글과 함께'라는 뜻을 담아 지었어요. 저는 어릴 때부터 글 쓰는 걸 좋아했어요. 누가 시키지 않아도 하루에 일기를 서너 편씩 쓰곤 했지요. 일기장을 다시 읽어 보면 한 장 한 장 담겨 있는 시시콜콜한 이야기가 재미있어요. 이제 여러분은 '서와책'을 펼친 거예요. 어깨에 힘을 빼고 꾸밈없이 제 삶을 들려 드릴 수 있도록 애써 볼게요. 어디서부터 시작하면 좋을까요? 초등학교를 졸업하고 학교를 그만두었던 이야기부터 해 보아야겠어요. 그때가 나를 찾아가는 여행의 시작이었으니까요.

선 택 그 리 고 선 택

초등학교 6학년이 되던 해, 부모님이 나에게 '홈스쿨링'을 소개해 주셨다. 국어, 수학, 영어도 필요한 공부지만, 그게 전부는 아니라고 하시며 말이다. 홈스쿨링을 한다고 해서 집에서만 배우는 것은 아니다. 마을길을 걷는 것도 공부일 수 있고, 여행 중에도 배움을 얻을 수 있다. 세상에 같은 사람이 없는 것처럼 홈스쿨링은 저마다 다른 모습으로 이루어진다.

나중에 들은 이야기지만 부모님은 동생들과 내가 어렸을 때부터 홈스쿨링을 생각해 왔다고 하셨다. 아버지가 대학에서 교육학을 공부하며 홈스쿨링을 알게 되었고, 그 뒤로 부모님이 함께 홈스쿨링에 관한 공부를 했다. '우리가 정말 홈스쿨링을 해도 될까? 괜히 아이들을 혼란스럽게 하는 게 아닐까?' 오만가지 고민이 스쳐 갔지만, 부모님은 공부하고 고민하고 제안할 뿐 선택은 아이들에게 맡기기로 약속하셨다고 했다.

처음 "홈스쿨링이라는 길도 있어"라는 말을 들었을 때, 엄청난 반전 영화를 본 것 같은 기분이 들었다. '학교에 가지 않는다니…!' 한 번도 생각해 보지 못한 전개였다. 부모님은 서로 약속하셨던 것처럼 나에게 "홈스쿨링을 하자!"가 아니라 "홈스쿨링이라는 길도 있어"라고 이야기하셨다. 선택은 내 몫이었다.

나는 나에게 맡겨진 일을 빈틈없이 해내려고 하던 아이였다. 부모님은 나에게 한 번도 '완벽하게 하라'는 말을 하지 않으셨는데 말이다. 하지만 책임감 때문인지, 그렇게 타고난 성격 때문인지, 나는 늘 주어진 일을 빈틈없이 해내고 싶어 했다. 내 사전에 대충은 없었다. 그런 내 앞에 새로운 길이 나타났다. 완벽은 둘째치고, 한 걸음 앞에 무엇이 있을지 알 수 없는 길이었다. 학교 밖에 내가 찾을 수 있는 정답이 있을까? 당연히 가야 한다고 생각했던 학교에 가지 않는다니 쉽게 결정이 서지 않았다. 여름방학 동안에 홈스쿨링을 하는 것처럼 지내보기도 했다. '아침 운동, 글쓰기, 책 읽기, 영어 공부….' 지금 생각하면 그때 짰던 시간표는 학교 다닐 때와 크게 다르지 않았다. 그래도 나에게는 조금이라도 홈스쿨링을 느껴 볼 수 있는 시간이 필요했다.

초등학교 졸업을 앞두고 있던 겨울방학, 길고 길었던 고민 끝에 답을 내렸다. 그리고 부모님에게 "나 아직도 홈스쿨링 할 수 있어요? 그럼 홈스쿨링 할래요" 하고 말했다. 부모님은 내가 너무 오랫동안 아무 말이 없어서 중학교를 가려나 보다 생각하셨다고 했다. 오랜 고민 끝에 내린 선택이지만 대단한 결론이 나온 것은 아니었다. '나는 홈스쿨링을 통해 무언가를 이루겠어!' 하는 어떤 확신이 있었던 것도 아니다. 그저 부모님이 나에게 나쁜 길을 소개하지 않았을 거라는 믿음이 있었다. 믿고 함께 가 보는 것, 13살 내가 할 수 있는 선택이었다.

학교 밖 길을 선택한 뒤로 내 삶은 한 번도 생각해 보지 못한 방향으로 흘러갔다. 정답은 없었다. 선택 그리고 다음 선택이 있을 뿐이었다.

골목 여행

중학교 입학식이 열리던 날, 교복을 입고 학교에 가는 친구들을 보았다. 기분이 이상했다. 그제야 내가 친구들과 다른 길을 가게 되었다는 실감이 들기 시작했다.

시간표 없는 하루를 어떻게 채워야 할까? 가장 많은 시간을 보냈던 학교에 가지 않으니 하루가 길었다. 학교에 가지 않아도 되는 자유를 누리며 뒹굴뒹굴 노는 것도 그리 오래가지 못했다. 무얼 해야 할지 몰라 멍하게 앉아 있는 시간이 많아졌다. 짜인 시간표를 따라 공부하고, 쉬고, 내준 숙제를 하던 나에게 갑자기 너무 많은 자유 시간이 주어졌다. 마음에 허전한 구멍이 자라기 시작했다. 멍하게 보내는 시간이 길어질수록 점점 더 커다랗게 자라났다.

홈스쿨링을 시작했던 때, 우리 식구는 경주 황성동에 살고 있었다. 입시 학원이 많은 동네였다. 우리 집 바로 앞에도 높은

입시 학원 건물이 있었다. 밤늦도록 꺼지지 않는 학원 불빛은 이렇다 할 것 없이 하루를 흘려보낸 내 마음을 캄캄하게 만들었다. 학생들은 밤 열 시가 넘어서야 하나둘 집으로 돌아갔다. 나도 책을 읽고, 영어 공부를 하며 책상 앞에 앉아 있어 보았지만 '나 이대로 정말 괜찮을까?' 하는 불안은 쉽게 나를 놓아주지 않았다.

어떻게든 마구 쏟아지는 생각과 불안한 마음을 피하고 싶었다. 텔레비전을 보고 게임을 하는 시간이 늘었다. 불안한 마음이 낄 틈 없이 열심히 텔레비전을 보고, 게임을 했다. 하지만 그 순간뿐이었다. 컴퓨터를 끄고 나면 뒤에서 기다렸다는 듯 허전한 마음이 나를 덮쳤다. 내가 무얼 해야 할지 몰라 힘들어할 때도 부모님은 나에게 시간표를 짜 주는 법이 없었다. 가만히 뒤에서 기다려 주실 뿐이었다.

텔레비전과 게임 말고, 길고 긴 자유 시간을 보낼 방법이 필요했다. 지금 당장 할 수 있는 것, 하고 싶은 것부터 해 보기로 했다. '무얼 해 볼까?' 당장에 떠오르는 게 없었지만, 무엇이든 하나라도 찾아보기로 했다. '글을 쓸까? 그림을 그릴까? 늘 하던 거 말고 새로운 걸 해 보고 싶은데….' 고민 끝에 썩 마음에 드는 일을 찾았다. 나는 걷는 걸 좋아하니까 동네를 걸어 보기로 했다. 그때부터 구석구석 골목 여행이 시작되었다.

아침잠이 없던 나는 아침 일찍부터 동네를 걸었다. 이른 아침에 나보다 늘 먼저 나와 있는 떡과 빵을 보면서 '도대체 몇 시에 일어나 이 많은 떡과 빵을 만드신 걸까?' 생각도 하고, 날마다 같은 시간에 문을 여는 문방구 아주머니를 보기도 했다. 가 보지 않은 골목길을 걸으면서 '여기에 이런 집이 있었네?' 신기해하기도 하고, 새로운 지름길을 찾기도 했다. 하지만 지름길보다는 되도록 멀리 돌아다닐 수 있는 길을 찾아다녔다. 걷는 걸 좋아했고, 되도록 많은 시간을 보내야 했으니까.

　　조용하게 혼자 길을 걷다 보면 그 길이 꼭 움직이는 방 같았다. 그때는 동생들과 방을 함께 썼기 때문에 내 공간이라고 할 수 있는 곳이 따로 없었다. 하지만 누구에게나 자기만의 공간과 시간이 필요한 때가 찾아온다. 나에게는 날마다 걷는 익숙한 골목길이 혼자만의 시간을 보낼 수 있는 방이 되어 주었다.

길을 걷다 보니 차를 타고 다닐 땐 보지 못했던 작은 풍경이 눈에 들어왔다. 익숙한 길에서 찾은 새로운 풍경을 보면서 질문이 생겼다. '나는 어떤 사람일까? 무엇을 할 때 즐겁고, 무얼 하며 살고 싶지?' 선뜻 대답이 떠오르지 않았다. 그때 알았다. 나는 나에 대해서 잘 모른다는 걸 말이다. 익숙한 골목길처럼 구석구석 잘 알고 있다고 생각했는데 '무얼 하고 싶어?'라는 간단해 보이는 질문에도 선뜻 대답이 나오지 않았다.

나다운 게 뭘까?

내가 어릴 때부터 부모님이 한결같이 하시던 말씀이 있다.

"가장 너답게 살렴. 그거면 충분해."

'내가 나지, 남인가?' 하고 생각했던 때에는 참 쉬운 말이었다. 하지만 청소년이 되어 삶의 방향을 고민하기 시작하면서 그 말이 어려워졌다. 특별하게도, 훌륭하게도 아니고 '나답게' 사는 게 뭘까?

'훌륭한' 것이 보기가 있는 객관식 문제라면, '나다운' 것은 스스로 생각하고 부딪히며 답을 찾아야 하는 주관식 문제였다. '나답게 사는 게 뭘까요?'라는 문제가 쓰인 시험지를 받는다면, 누구나 '첫 문장을 어떻게 시작해야 할까?' 한참 고민에 빠질 것이다. 언젠가부터 그 질문이 늘 나를 따라다녔다.

나다운 길을 찾으려면 '나'에 대해서 조금 더 잘 알아야 할 필요가 있다고 생각했다. 무얼 좋아하고 싫어하는지, 무엇이 쉽고 무엇이 어려운지. 간단한 것부터 질문하고 답을 찾다 보면, 내가 바라는 것이 무엇인지 알 수 있지 않을까? 하지만 책상 앞에 앉아서 알 수 있는 답이 아니었다.

'어떻게 답을 찾아갈 수 있을까?' 고민을 시작하고부터 시장을 보고, 밥상을 차려 먹고, 설거지하는 일이 나에게 공부가 되었다. 삶에서 가장 기본이 되는 일은 먹고사는 일이다. 날마다 먹는 밥도 스스로 차려 먹을 수 없다면, 그다음에 무언가를 어떻게 찾아갈 수 있을까 싶었다. 밥을 스스로 해결하는 건 나답게 사는 방법을 찾는 첫 번째 시도로 꽤 좋은 선택이었다. 내가 무엇을 하며 살든 스스로 삶을 돌보고 가꾸는 힘은 필요할 테니 말이다.

하나씩 하나씩 내 힘으로 삶을 채워 가다 보면, 내가 바라는 삶이 무엇인지도 어렴풋이 보이지 않을까?

내 삶에 어울리는 재료

나는 마트보다 시장에서 장보기를 좋아한다. 시장 풍경과 소리, 느낌이 좋다. 무엇보다 물건마다 담긴 이야기를 들을 수 있어서 좋다. 텃밭에서 캔 작물과 손수 뜯은 산나물을 파는 할머니는 이따금 재미난 이야기보따리를 풀어 주시곤 했다. 아버지와 아들이 함께 일하는 두부 가게는 폭폭 콩 삶는 냄새와 두부를 한 모씩 정성 들여 자르는 모습만으로 따뜻한 이야기가 전해졌다.

스스로 밥을 차려 먹는 일을 공부로 삼고부터 시장에 가는 일이 더 좋아졌다. 내가 살아가는 데 여러 사람의 힘이 보태지고 있었다는 걸 알았다. 우리 집 밥상에 이야기가 가득하다는 것이 고맙고 든든했다.

음식을 할 때 정해진 요리법은 없었다. 처음에는 엄마가 음식 하던 모습을 떠올리며 따라 했다. 똑같이 한 것 같은데 맛과 모양이 영 다를 때가 많았다. 하지만 시간이 지나고 경험이 쌓이면서 조금씩 감을 잡았다. 지금도 아직 엄마처럼 맛을 내지는 못한다. "맛있긴 한데, 뭔가 허전해. 엄마 맛이랑 달라" 하면, 엄마는 "벌써 똑같이 하면 엄마가 억울하지. 세월이 채워 주는 손맛도 있어" 하셨다.

한 번도 요리해 보지 않은 새로운 재료를 만나도 겁내지 않고 일단 해 보았다. 맛이 없으면 다음에는 다른 방법으로 요리하면 되는 거였다. 차곡차곡 경험이 쌓이면서 나중에는 새로운 재료라고 해도 '이렇게 하면 맛있지 않을까?' 하는 생각이 자연스레 들었다. 또 늘 먹던 음식도 새롭게 먹는 방법이 없을까 나름대로 연구를 했다. 떡볶이를 할 때 우유를 넣으면 어떤 맛일까 싶어 우유를 넣고 끓여 본 일도 있다. 궁금하면 일단 해 먹어 보았다. '이게 뭐야' 싶은 요리가 나오기도 했지만, 이따금 생각보다 맛이 좋은 요리가 나와 감탄하며 먹기도 했다. 우유를 넣고 오래 끓인 떡볶이는 부드럽고 고소함이 더해져서 맛이 꽤 괜찮았다.

밥상을 차리는 일은 내가 바라는 삶을 고민해 가는 일과 닮았다. 요리에는 정답이 없기 때문이다. 새로운 재료에 대한 경험을 쌓고, 어울리는 짝꿍을 찾으며 맛있는 요리법을 찾아간다. 저마다 향과 맛과 모양이 다른 재료들이 한데 어울려 가는 과정이 신기하고 흥미로웠다. 요리법을 조금씩 바꾸어 보고 새로운 양념을 넣어 보면서 내 입맛에 맞는 음식을 만드는 재미가 있었다.

　　"떡볶이는 꼭 이렇게 만들어야 해" 하고 정할 수 없는 것처
럼, '내가 바라는 삶은 이런 거야' 하고 틀에 가두고 싶지 않았다.
요리하듯 나와 어울리는 삶의 재료를 하나씩 하나씩 모으기 시
작했다. 그 재료들이 어울려 어떤 맛을 낼지 아직은 알지 못한
채로 말이다.

마음껏 서툴러도 되는 공간

홈스쿨링을 했다고 하면 "사회성이 떨어지지 않나요?"라는 질문을 많이 받는다. 학교에 다닐 때처럼 날마다 만날 수 있는 친구가 없는 것이 사실이다. 그게 가끔은 아쉬울 때도 있었다.

하지만 홈스쿨링을 하면서 나는 친구와 조금 더 깊이 만났다. 그리고 친구가 되는 데 나이가 많고 적은 것은 그다지 중요하지 않았다. 지금도 사람을 만날 때 나이를 물어보지 않는다. 생각해 보니 서로 나이를 모르는 친구가 더 많다. 친구를 사귈 때 나이보다 어떤 생각을 가졌는지, 어떤 노래를 좋아하는지, 요즘 무엇에 관심이 많은지가 나에게는 더 중요하다. 서로를 부를 때도 별명을 부른다. 나이와 상관없이 부르기 쉬운 별명이 있으면 좋다. 누구 님, 누구누구 선생님 하는 어색한 호칭을 쓰지 않아도 되니까 말이다. 일단 편하게 부를 수 있어야 친구로 편안하게 다가갈 수 있다.

내가 친구들을 만나고 활동했던 곳은 '탈학교 청소년 네트워크 학교너머(이하 학교너머)'라는 곳이었다. 학교 밖 청소년들이 만나고, 놀고, 배우는 공간이었다. 저마다 집에서 지내다가 캠프가 열리면 함께 모여서 시간을 보냈다. 보통 한 달에 한 번씩 캠

학교너머 친구들과

남해 바람흔적미술관에서 찍었던 사진이에요.

지금도 남해에 가면

친구들이랑 같이 걸었던 길을 알아봐요.

'그때 걸었던 길이네' 하고요.

친구와 나란히 길을 걷던 때가

이따금 그리워요.

프가 열렸다. 짧게는 이박삼일, 길게는 열흘이 넘는 시간을 함께 보냈다. 캠프 주제는 다양했다. 손바느질로 옷을 만들어 보기도 하고, 겨울에 전기 없이 쓸 수 있는 태양열 난방기를 만들기도 했다. 사물놀이를 배우기도 했고, 연극을 함께 꾸미기도 했다. 영화를 보고 토론도 하고, 걷는 여행을 떠나기도 하고, 별일 없이 만나 우리끼리 축제를 열기도 했다.

학교너머에는 청소년 기획단이 있었다. 기획단이 힘을 모아 캠프 주제를 정하고, 내용을 채웠다. 선생님들이 계셨지만, 되도록 우리 힘으로 캠프를 일구어 갈 수 있게 길을 열어 주셨다. 기획하고, 캠프를 열다 보면 서툰 것이 많았다. 참가한 친구들 가운데 아쉬움을 표현하는 친구도 있었다. 경험을 쌓으며 조금 더 나은 방향을 찾기 위해 애썼다. 나에게 학교너머는 마음껏 서툴러 볼 수 있는 공간이었다. 그곳에서 나는 조금씩 자라기 시작했다.

2장

길을 걷다 만나다

비 오는 날,
우비 모자에 부딪히는 빗소리를 듣고 있으면
오롯이 내 걸음에 집중하게 돼요.

학교너머에서는 한 해에 한두 번씩 '길을 걷다

만나다'라는 걷는 여행을 했어요. 짧게는 일주일, 길게는 보름이 넘는 시간 동

안 함께 걷고, 밥을 지어 먹으며 더불어 지내는 여행이었어요.

보통 하루에 20킬로미터 정도를 걸었어요. 20킬로미터는 다섯 시간쯤 걸리

는 거리예요. 어떤 길을 걷는지에 따라서, 또 사람마다 걸리는 시간이 조금씩

다르지만요. 볼거리가 없는 도로에서는 걷는 것에 바짝 집중해 빨리 걷게 돼

요. 하염없이 이어진 찻길을 빨리 벗어나고 싶은 마음이 마구 들거든요. 논두

렁길을 걸을 때는 두리번두리번 궁금한 게 많아져요. 차가 많이 다니지 않는

길은 마음 놓고 친구들과 놀면서 걷기도 하고요. 그럴 때는 걸음보다 시간이

빨라요. 얼마 걷지 못했는데 시간이 훌쩍 가 버리곤 하니까요.

그래도 20킬로미터는 충분히 여유를 부리면서도 하루 안에 다 걸을 수 있는

거리였어요. 쉬엄쉬엄 마음 급하지 않게요. 친구와 이야기를 나누기도 하고,

혼자 생각에 잠기기도 하고, 아무 생각 없이 하늘과 나무와 지나가는 강아지를

보기도 하면서요. 그냥 걸으면 되는 그 시간이 참 좋았어요.

그렇게 걷는 것만으로도 하루가 가득 차올랐어요. 저는 지금도 걷는 여행을 즐겨요. 차를 타고 다니면 어딘가 채워지지 않은 아쉬움이 남아요.

'처 음 ' 이 라 는 순 간

학교너머에서 참가자로만 캠프에 다니다 '한강 걷기 여행'을 할 때 처음으로 기획단이 되었다. 어디서나 눈에 띄지 않고 조용한 아이였던 나는 조장 한번 해 본 경험이 없었다. 초등학교에 다닐 때 친구들에게 "반장 해 보면 어때?" 하는 제안을 여러 번 받았지만, 나는 늘 고개를 저었다. "그럼 부반장이라도 해" 하는 권유의 말을 밀어내기 바빴던 내가 기획단을 해 보기로 마음먹었다. 가장 큰 이유는 '나는 이런 건 잘 못해' 하고 스스로 정해 버린 틀을 깨고 싶었기 때문이다. 처음 해 보는 낯선 일 앞에서 한없이 작아지고 마는 나를 한 번쯤 이겨 보고 싶었다. 시도하지 않으면 언제까지나 처음일 수밖에 없다. 당연한 말인데 행동으로 옮기기가 참 어렵다.

여행 기획을 위해서 온라인 회의를 하고, 기획단이 먼저 만나 답사하는 시간을 가졌다. 처음 해 보는 일이라 갈팡질팡했지만, 나에게 주어진 일을 잘 해내려고 애썼다. 잠자리와 코스를 정하는 일은 생각보다 많은 시간과 노력이 필요했다. 참가자일 때는 몰랐던 과정이었다. '길을 걷다 만나다' 여행에서는 주로 천막을 치고 야영을 했다. 하지만 아무 곳에나 천막을 칠 수 있는 게 아니었다. 공간 주인에게 허락을 받지 못하거나 마땅히 천막을 칠 만한 곳이 없을 때도 있었다. 그래도 잠자리를 구하지 못한 일은 한 번도 없었다. 우리의 여행을 설명하면서 찾아다니다 보면, 흔쾌히 자리를 내어 주는 좋은 인연이 닿았다. 그럼 친구들과 "역시, 아직 세상은 살 만해" 하면서 웃곤 했다.

코스를 정할 때는 차로 미리 가 보고, 조금씩 걸어 보면서 좀 더 안전하게 걸을 수 있는 곳은 없는지, 풍경이 더 좋은 곳은 없는지 살폈다. 그리고 여행지에서 만나 삶 이야기를 들을 수 있는 분을 찾았다. 그 지역에서 살아온 분의 이야기를 들으면, 길에서 보이는 풍경을 조금 더 깊이 이해할 수 있기 때문이다. 한강 걷기 여행은 한강 발원지 검룡소에서부터 강줄기를 따라 정선과 영월, 단양을 지나 충주나루까지 걷는 일정이었다.

한강 발원지 검룡소는 강원도 태백에 있다. 지금은 태백 인구가 5만 명이 채 되지 않지만, 석탄 산업이 한창 번성했던 1960~1970년대에는 인구 10만 명이 넘는 큰 도시였다. 전국 석탄의 30퍼센트를 생산하는 큰 탄광이 모여 있던 지역이다. 한강 걷기 여행에서는 탄광에서 일하며 탄광촌 이야기를 시에 담아 온 광부 시인을 만나 보기로 했다. 선생님을 통해 소개받은 분이었다. 폐탄광을 함께 둘러보고, 광부로 살아온 이야기와 탄광에서 일하다가 생긴 진폐증(폐에 먼지가 쌓여 생기는 직업병)에 대한 이야기를 들려주시기로 했다. 그렇게 여행 준비를 마치고 여행 날을 기다렸다.

나 는 왜 쉽 게 되 는 게 없 지 ?

한강 걷기 여행이 시작되는 날, 태백 시외버스 터미널로 친구들이 하나둘 모이기 시작했다. 여행 첫날부터 추적추적 비가 내렸다. 비옷을 꺼내 입고 한강 발원지 검룡소를 찾아갔다. 그곳에서 태백 생명의 숲 사무처장님을 만나 검룡소와 한강 생태에 관한 이야기를 들었다. 작은 우물처럼 물이 고여 있던 데미샘(섬진강 발원지)과 달리 검룡소는 폭포처럼 물이 흐르고 있었다. 섬진강 걷기 여행을 할 때, 첫날에 작은 샘을 보고 출발해 마지막 날엔 넓은 바다를 보았다. 한 걸음 한 걸음 걸어 바다에 닿았을 때, 섬진 강 줄기가 내 마음에 다 담긴 것처럼 가슴이 일렁거렸다. 그때의 느낌을 잊을 수 없다. 그래서 한강을 걷기 시작할 때에도 발원지 풍경을 기억에 잘 담아 두려고 애썼다. 첫날은 검룡소를 둘러본 뒤 검룡소 주차장에서 야영을 했다. 그리고 다음 날부터 한강 줄기를 따라 걷기 시작했다.

그동안 해 온 걷기 여행에서는 조용히 혼자 걷거나, 친구들과 이야기를 나누며 걸었다. 하지만 기획단이 되고 보니 여유롭게 걷는 시간을 즐길 수만은 없었다. 내 손에 경광봉이 쥐여졌기 때문이다. 차가 다니는 도로에서는 한 줄로 나란히 걸었다. 언제 차가 올지 모르니 정신을 바짝 차리고 있어야 했다. 차가 오면 경광봉을 흔들며 "차 와요!" 하고 알려 주어야 했는데, 목소리가 작은 나에게는 어려운 일이었다. 목에 힘을 주고 큰 소리로 말하려고 애썼지만 멀리 떨어져 걷는 친구들은 내 말을 듣지 못할 때가 더 많

았다. 급할 때는 목소리가 큰 친구들이 대신 말해 주기도 했다.

길을 걸을수록 목이 잠기고, 어깨가 무거워졌다. '크게 말하는 게 뭐 어려운 일이라고…' 생각할 수도 있지만, 나에게는 쉽지 않은 일이었다. 남들에게는 별일 아닌 일이 나에게는 큰 용기가 필요한 일일 때가 많았다. 사소한 일조차 연습하고, 또 연습해야 했다. '나는 왜 쉽게 되는 게 없지?' 하는 억울한 마음도 있었다.

새로운 눈

기획단을 하면서 유난히 마음을 많이 썼던 부분이 있다. 바로 여행하는 동안 소외되는 친구가 없도록 하는 것이다. 학교너머는 오랜 시간을 함께해 온 친구들이 모이는 곳이었다. 이미 이루어진 끈끈한 관계가 있다 보니, 새로 온 친구가 어울리기 힘들어하기도 했다.

사실 나도 그랬다. 처음 학교너머 캠프에 갔을 때 흥 많고 재주 많은 친구들 가운데 내가 낄 틈이 없어 보였다. 조용하고 유머 감각 없는 나를 좋아할 친구는 없다고 생각했다. 학교 다닐 때 따돌림을 당했던 경험 때문에 더 그랬을지도 모른다. 학교너머에 익숙해지고, 친구들과 가까워지기까지 나는 내 안에 있는 벽을 또 한 번 넘어야 했다.

따돌림을 당한 것이 자랑할 만한 일은 아니지만 그렇다고 숨길 일도 아니다. 내가 잘못한 일이 아니기 때문이다. 그때를 생각하면 아직도 마음 한쪽이 텅 빈 것 같다. 겪지 않았더라면 더 좋았을 일이다. 하지만 나에게 새로운 눈을 갖게 해 준 시간이라고 생각한다.

나에게는 소외되어 힘들어하는 친구들이 가장 먼저 눈에 보

'따돌림', '왕따'란 말이

쓸모없는 세상이 온다면 얼마나 좋을까요.

인다. 얼마나 힘들지 알기 때문이다. 걷기 여행에 처음 온 친구가 도시락을 들고 어디로 갈지 몰라 둘레를 맴맴 돌고 있는 게 보였다. 여기로 오라고 손짓했다. 머리 위로 손을 올려 친구를 부르던 몸짓과 느낌이 지금도 어렴풋이 기억난다. 그렇게 친구에게 먼저 손 내민 것은 나에게 처음 있는 일이었다. 떨렸지만 불끈 용기를 냈다. 시끌벅적 즐겁게 밥을 나누어 먹는 친구들 사이에서 혼자 앉아 밥을 먹는 것이 어떤 마음인지 알기 때문이다. '따돌림', '왕따'란 말이 쓸모없는 세상이 온다면 얼마나 좋을까. 그러나 지금 우리 곁에도 혼자 힘겨워하는 친구가 있을지 모른다.

잘 지은 밥 한 그릇

걷기 여행을 할 때, 잠을 잘 수 있는 천막과 밥을 해 먹을 재료와 도구들을 선생님이 운전해 주시는 차에 싣고 다녔다. 부지런히 걸어 그날 우리가 머물 곳에 도착하면 가장 먼저 차에서 큰 천막 2개와 가스통을 내렸다. 여자 천막과 남자 천막을 나누어 치면 그곳이 숙소가 되었다. 처음에는 천막을 치려면 시간이 한참 걸렸다. 하지만 나중에는 말하지 않아도 서로 호흡을 맞추어 척척 천막을 치고 걷었다.

'야영' 하면 떠오르는 추억이 있다. 제주도에서 여행할 때 일이다. 걷기를 마치고 제주 현대미술관 주차장에 천막을 쳤다. 여느 때처럼 밥을 지어 먹고, 친구들과 시끌벅적 시간을 보내다 잠자리에 들었다. 깜깜한 새벽, "으악!" 하는 비명에 화들짝 잠이 깼다. 무슨 일인지 알아차리는 데 긴 시간이 필요하지 않았다. 바로 내 등 위로 물벼락이 떨어졌기 때문이다. 그날 밤, 일기예보에 없던 비가 내리고 있었다. 천막 지붕에 빗물이 고이다가 무게를 이기지 못하고 푹 내려앉은 것이었다. 친구들과 헐레벌떡 침낭과 짐을 챙겨 미술관 처마 아래로 들어갔다. 다행히 미술관 들머리에 비가림이 되어 있는 작은 공간이 있었다. 벽에 기대 꾸벅꾸벅 졸기도 하고, 둘러앉아 게임도 하고, 이런저런 시시콜콜한 이야기를 나누며 아침을 기다렸다.

젖은 옷이 찝찝하고 조금 피곤하긴 했지만 혼자가 아니었기 때문일까? 그 시간이 나쁘지 않았다. 세상에, 걷기 여행을 오래 하다 보니 별일이 다 있다며 친구들과 툴툴대는 재미가 있었다. 그때부터 물벼락 사건은 걷기 여행 이야기를 할 때면 빼놓지 않고 나오는 모험담이 되었다. 따지고 보면 고생했던 일인데 만화에서나 있을 법한 일이었다며 웃으며 이야기한다. 함께 고생한 기억은 더 오래 그리고 진하게 남는 법이다.

걷기 여행 중에는 길 위에서 밥을 지어 먹었다. 아침밥과 점심때 먹을 주먹밥, 그리고 저녁밥을 만드는 조가 나누어져 있었다. 당번을 맡은 조가 밥과 국을 하면 집에서 가져온 반찬과 함께 먹었다. 밥을 짓는 것도 천막을 치는 것처럼 경험이 필요했다. 냄비밥을 지어 본 경험이 거의 없고, 많은 양을 요리하는 것이 익숙하지 않았기 때문이다. 밥이 너무 꼬들꼬들하게 되기도 하고, 물양을 조금만 늘린다는 게 죽처럼 진밥이 되기도 했다. 혼자 먹는 밥이면 꾹 참고 먹으면 그만이지만, 친구들과 함께 먹어야 하는 밥이다 보니 '이 일을 어쩌나' 한숨이 푹푹 나왔다. 그래도 "뭐야, 밥이 왜 이렇게 질어?" 하는 말에 나보다 먼저 "왜, 소화도 잘되고 얼마나 좋아" 하며 내 미안함을 달래 주는 친구들이 있었다. 그 말을 듣고 웃음이 픽 났다.

여행하며 밥 짓는 경험이 쌓이면서 나중에는 물을 얼마나 맞추어야 하는지 눈으로만 보아도 알았다. 냄비 뚜껑에 무거운 돌을 올려놓는 요령도 생겼다. 충분히 뜸을 들였다가 냄비 뚜껑을 열면 모락모락 김과 함께 달콤한 밥 향기가 피어올랐다. 잘 지어진 밥 한 그릇이 참 행복했다.

생각지 못한 선물

이따금 생각하지 못한 별미를 먹기도 했다. 남해에서 걷기 여행 중일 때 친구들과 손낚시를 했다. "오늘 저녁은 매운탕이다!" 하며 야심 차게 낚싯줄을 던졌다. 그런데 생각보다 물고기들이 똑똑했다. 낚싯바늘에 걸어 놓은 미끼만 요리조리 쏙쏙 빼 먹었다. 조금 더 꽁꽁 야무지게 미끼를 걸어 보아도 소용없었다. 힘찼던 처음과 달리 시간이 지날수록 턱을 괴고 앉아 뾰로통하게 앉아 있는 친구가 많았다. 그러다 "우와아아!" 하는 함성이 터져 나왔다. 한 친구가 드디어 물고기를 낚았다! 검은색과 하얀색 줄무늬를 가진 손바닥만 한 물고기였다.

"이거 무슨 물고기야?"

"나도 몰라. 그런데 이거 한 마리로 매운탕 끓여야 하나?"

"먹을 수 있는 물고기 맞아?"

여러 의견이 오고 가는 가운데, 친구가 낚은 물고기를 조심조심 양동이에 담았다. 그 뒤로 우리는 작은 물고기 몇 마리를 더 잡았다. 낯설게 생긴 물고기가 걱정된 우리는 옆에서 낚시하고 계시던 아저씨께 "이거 먹어도 되는 거예요?" 하고 물어보았다. 양동이를 들여다보신 아저씨는 "아이고야, 요런 녀석들만 잡히

더나? 이거 다 못 먹는 기다. 다시 바다에 놔줘라" 하셨다.

    "이거 못 먹는 거래!" 하는 말에 여기저기서 "아아…" 하는
아쉬운 소리가 흘러나왔다. 그만 정리하고 돌아가려 하는데 아
저씨가 우리를 부르셨다. 그리고 "친구들이랑 여행 왔드나? 잠깐
만 기다려 봐라" 하시더니 차에서 도마를 꺼내 오셨다. 아이스박
스에서 아저씨가 잡은 물고기 몇 마리를 꺼내셨다.

길쭉하고 반짝반짝한 비늘을 가진 물고기였다.

아저씨는 "학꽁치라는 물고기인데,

이거는 하루만 지나도 비린내가 나서 낚시꾼들만 맛볼 수 있는
귀한 기다. 낚시터에서 바로 회 떠 먹으면 얼마나 맛있는 줄 모르
제? 오늘 한번 먹어 봐라" 하시며 칼로 쓱쓱 물고기를 손질하셨
다. 그 풍경을 가만히 보던 다른 낚시꾼 아저씨가 "이것도 같이
먹어 보래이" 하시며 숭어 한 마리를 가져다주셨다. 착착착 리듬
감 있는 칼질에 회가 썰려 나왔다. 손질하는 모습만 보아도 침이
꼴깍 넘어갔다.

　우리는 한 점씩 돌아가며 회를 나누어 먹었다. 비린내 하나
없이 담백했다. 많은 양이 아니어서 감질 맛까지 더해졌다. 우리
가 잡은 물고기로 매운탕을 끓여 보겠다는 계획은 이루지 못했
지만, 아저씨가 내어 주신 마음 덕에 맛있는 저녁을 보냈다. 살면
서 먹어 본 가장 맛있는 회를 꼽으라 하면 그날 풍경이 떠오른다.
아저씨들이 내어 준 고마운 마음과 친구들과 함께한 추억까지
담겨 있으니, 아무리 비싼 횟집에 가도 그보다 맛있는 회를 맛보
기 어렵지 않을까?

믿고 보는 필살기

나는 느린 사람이다. 말과 행동도 느리고, 새로운 것을 충분히 내 것으로 받아들이는 데도 오랜 시간이 필요하다. 걸음도 느려서 걷기 여행할 때 가장 뒤에서 걷는 일이 많았다.

그래도 느린 만큼 길을 세심히 들여다보며 걷는 재미가 있었다. 마음에 드는 풍경을 만나면 가만히 바라보기도 하고, 개울을 만나면 한참 동안 물수제비를 뜨며 놀기도 했다. 안 그래도 느린 걸음에 한곳에 머물러 시간을 보내다 보니, 빠르게 걷는 친구들보다 한두 시간 늦게 도착하는 날도 있었다. 하지만 한두 시간쯤 늦는다고 큰일나지 않았다.

친구들이 지나간 길을 혼자 걷고 있을 때였다. 마을 정자에 앉아 계시던 할머니가 손짓으로 나를 불렀다. 그리고 삶은 고구마를 내밀며 "이거 묵고 가" 하셨다. 꾸벅 인사하며 "아니에요. 괜찮아요" 했지만, 할머니가 "아이고, 내도 괘안타" 하시며 나를 붙잡았다. 자꾸 거절할 수가 없어서 정자에 잠시 앉았다.

"어데서 왔노? 아까 젊은 아아들이 많이 지나가던데 학교에서 왔나?"

"학교는 아니고, 전국 곳곳에 사는 친구들이랑 모여서 걷기 여행하고 있어요."

"아, 걸어서 여행하는 갑네. 그래, 젊었을 때 많이 댕겨 봐야 한다."

그렇게 시작된 할머니 이야기는 한동안 이어졌다. 할머니가 젊었을 때 이 마을에 시집온 이야기, 할아버지가 돌아가시던 날 이야기, 정자 뒤에 있는 나무가 밭에 그늘을 지운다며 잘릴 뻔한 일을 막아 낸 이야기. 그냥 무심코 지나칠 마을이었는데, 할머니 이야기 덕에 할머니 얼굴과 마을 정자와 나무, 골목길을 다시 들여다보게 되었다. 할머니는 "내가 시간을 너무 많이 빼뜰었네. 이 고구마 들고 가면서 묵어라. 아까는 아들이 너무 많이 지나가 주고 싶어도 못 줬다" 하시며 고구마가 담긴 봉지를 쥐어 주셨다. 처음 만난 낯선 나에게 선뜻 고구마를 내미는 할머니 얼굴이 어쩐지 편안하게 느껴졌다. 나는 할머니 이야기와 마음이 담긴 고구마를 한 손에 들고 다시 길을 나섰다.

할머니를 만난 날, 내가 가장 늦게 도착했다. 어스름해진 하늘에 어둠이 일찍 찾아왔지만, 고맙게도 먼저 도착한 친구들이 나를 마중나오고 있었다. 빠르지 않아도 괜찮았다. 언제 도착하는지보다, 그 시간에 어떤 이야기를 담는지가 더 중요했다. 내 속도에 맞추어 한 걸음 한 걸음을 내딛는 그 순간을 충분히 즐겨야

반나절 내내 걷느라 애쓴 신발이

햇살을 받으며 쉬어 가는 시간이에요.

길을 걷다가 잠시 신발을 벗고 앉아 있으면

몸과 마음이 시원해져요.

여행이 되었다.

길을 걸으면서 나에게 믿는 구석이 생겼다. 남들보다 더디고 느릴지 몰라도 틀림없이 목적지에 도착해 있을 거라는 믿음 말이다. 느려도 너무 느린 내가 답답한 날도 있지만, 그때마다 빨리 가는 것보다 소중한 것을 다시 한번 떠올린다. '천천히, 그리고 끝까지'는 지금도 내가 일단 믿고 보는 필살기가 되었다.

3장

덜 큰 아이가 타고 있어요

공감버스에 탄 사람들은

알록달록했어요.

저마다 자기가 가진 색깔이 있었지요.

 2011년, 18살에 떠났던 '공감유랑'은 청소년

과 청년들이 함께 300일 동안 전국을 유랑하는 프로젝트였어요. 학교너머 길

잡이 선생님들의 기획으로 시작된 여행이었지요. 공감유랑을 하며 지역 곳곳

에서 다양한 모습으로 살아가는 분들을 만났어요. 단순히 말로 듣고 배우는 것

이 아니라, 함께 살아 보며 배우는 시간이었어요. 길잡이 선생님은 공감유랑을

통해 몸으로 겪고 느끼며 저마다 길을 찾아갈 수 있길 바란다고 하셨어요. 공

감유랑을 신청하기 전에 신중하게 생각해달라는 부탁도 하셨지요. 삶의 방향

을 찾는 여행인 만큼 치열하게 고민하는 여행이 될 거란 말도 덧붙이셨죠.

길잡이 선생님들이 후원을 받아 공매로 나온 경찰 버스를 샀어요. 그리고 운

전을 하기 위해 대형 운전면허도 땄고요. 우리는 그 버스를 '공감버스'라고 불

렀어요. 공감버스에는 길잡이 선생님 3명, 청소년 18명이 타고 출발했어요. 여

행 기간이 300일이었기 때문에 학교 밖의 청소년들이 함께하게 되었지요. 홈

스쿨링을 하거나, 대안학교를 다니다 그만두고 학교 밖에서 삶의 방향을 고민

하던 친구들이었어요.

긴 여행을 시작하기 전에 버스의 여기저기 녹슨 곳을 사포로 벗겨 내고 새

로 페인트를 칠했어요. 어떤 색을 칠할까 고민하다가 "하얀 바탕이면 무얼 그

리든 잘 어울리지 않을까?" 하고 의견이 모아졌어요. 경찰 마크가 지워진 새

하얀 버스 위에 커다란 글씨로 '공감유랑'이라고 쓰고, 버스에 탈 우리들의 손

바닥을 나란히 찍었어요.

단순한 버스 디자인과 달리 공감버스에 탄 사람들은 알록달록했어요. 저마

다 자기가 가진 색깔이 있었지요. 21명의 다른 사람들이 만나 여행한다는 것

은 만만한 일이 아니었어요. 긴 시간 함께 여행하기 위해 끝없이 생각을 나누

고, 조율해야 했지요. 그렇게 좌충우돌하며 300개의 하루를 살아냈다는 것.

그 사실만으로 대단했던 여행이라 생각해요.

공감버스를 타고 함께 여행했지만, 공감유랑은 친구마다 서로 다른 의미로

남아 있을 거예요. 똑같은 동그라미를 보고도 누구는 공이라고 하고, 누구는

달이라고 하는 것처럼요. 누가 맞고 누가 틀린 것은 아니에요. 시선이 다를 뿐

이지요. 저에게 남아 있는 공감버스의 의미를 글로 담아 보려고 해요. 흔들리

는 버스 안에서 삐뚤빼뚤 써 내려갔던 일기를 살짝 펼쳐 볼게요.

공감유랑

학교너머 온라인 카페에 공감유랑단을 모집한다는 공지가 올라 왔다. 처음 공감유랑에 대한 이야기를 들었을 때 두 번 고민할 것 없이 마음을 접었다. '300일씩이나 집을 떠나 여행한다니….' 너무 긴 시간이라고 생각했다. 그런 나에게 엄마가 먼저 물어 오셨다.

"공감유랑이라는 여행을 한다는데 한번 다녀와 보면 어때?"

"300일이나 한다는데요?"

"그 시간이 모두 지나고 돌아보면 그리 길지 않을 거야. 삶에서 300일은 아주 짧은 시간이니까. 네가 바라는 삶을 찾아가는데 이 여행이 도움이 되지 않을까?"

그 말에 고개를 끄덕여졌지만, 선뜻 결정하지 못한 채 머뭇거리고 있었다. 낯선 길이 겁이 났는지 스스로 이런저런 핑계를 만들어 못 본 척 지나가려고 했다. 하지만 내가 피하려고 하면 그때마다 내 등을 밀어 주는 사람들이 있었다. 이번에는 엄마였다. "한번 다녀와 보면 어때?"라는 그 말이 머뭇거리던 내 등을 밀었다. '고민 끝!' 하고 덮어 버렸던 '공감유랑'이라는 선택지가 다시 내 앞에 놓였다.

내가 바라는 삶의 방향을 찾는다는 것, 홈스쿨링을 시작하고 끝없이 나를 따라다닌 고민이었다. 새해에 18살이 된 나는 삶의 방향을 조금 더 깊이 고민할 때가 되었다고 느꼈다. 사실 나도 알고 있었다. 이 여행이 나에게 좋은 기회라는 걸 말이다. 나는 어릴 때부터 무언가 선택할 때, 생각이 많다. 그래서 오래 머뭇거리지만 한번 선택한 것은 내 힘이 닿는 만큼은 끝까지 해내려고 애썼다. 그렇게 나는 고민 끝에 '누가 300일씩이나 여행을 하겠어?'라고 생각하던 공감버스에 올라탔다.

출발하던 날, 아빠는 내게 말씀하셨다.

"여행하면서 많은 사람의 삶을 만나게 될 거야. 그 만남 가운데 네 가슴을 뛰게 하는 일이 무엇인지, 어떤 사람이 될지 충분히 고민할 수 있으면 좋겠어. 300일 동안 그 시간을 마음껏 누리고 오렴. 잘 다녀와."

공부는 깔때기처럼

공감버스는 학교너머 사무실이 있던 제천 덕산에서 출발했다. 길을 나서기 전, 공감유랑을 함께할 길잡이 선생님과 친구들이 덕산에 모여 긴 여행을 위한 준비를 했다. 어떻게 공감유랑을 일구어 갈지 이야기하며 필요한 역할을 나누어 맡았고, 공감유랑에 어떤 의미를 담아 가고 싶은지, 무얼 해 보고 싶은지 서로의 생각을 나누었다.

덕산에서 지내면서 두 사람씩 모둠을 나누어 마을 사람을 인터뷰해 보기로 했다. 이야기를 나누고, 그분 집에서 하룻밤 머물고 오는 것까지가 미션이었다. 나와 한 모둠이 된 친구랑 '누굴 만나면 좋을까?' 생각하다 문득 제천 간디학교가 떠올랐다. 간디학교는 제천과 금산, 산청에 있는 대안학교다. 그 당시 제천 간디학교 교장이셨던 양희창 선생님은 대안학교 말고도 학교 밖에 있는 청소년이 모여 함께 활동할 공간이 필요하다고 생각하셨다. 그 생각으로부터 홈스쿨러들을 위한 '학교너머'가 시작되었다. 학교너머 캠프를 다니며 이야기로만 듣던 제천 간디학교 교장 선생님을 만나 보기로 했다.

떨리는 마음으로 교장 선생님께 전화를 걸었다. 우리의 여행과 미션에 대해 설명하며 선생님 집에서 하루 신세 질 수 있을지 조심조심 물어보았다. 선생님은 잠깐의 고민도 없이 "그럼!" 하고 대답하셨다. 너무 흔쾌한 대답에 오히려 우리가 당황했다. 잠시 멍했다가 "아, 네. 고맙습니다! 내일 봬요" 하고 인사를 드렸다. 간디학교 교장 선생님은 어떤 분일까? 대안학교니까 내가 다녔던 학교와는 조금 다를까? 학교 다닐 때를 돌아보면 교장 선생님에 대한 기억이 별로 없다. 조회 시간에 긴 훈화 말씀을 하시던 모습만 떠올랐다.

다음 날 오후 7시쯤, 교장 선생님이 차로 우리를 데리러 와 주셨다. 이따금 간디 학교 이야기를 들었지만, 교장 선생님을 이렇게 가까이에서 만나는 건 처음이었다. 선생님이 사 주시는 저녁을 먹고 선생님 댁으로 갔다. 내가 생각했던 것보다 대문이 허름했다. 나도 모르게 '교장 선생님 집이면 이렇지 않을까?' 하는 편견을 가지고 있었나 보다.

대문을 지나 마당으로 들어가니 나무로 지어진 집이 있었다. 선생님이 "우리 집이야, 들어와" 하시며 문을 열어 주셨다. 가장 먼저 거실이 보였다. 흔들의자 앞에 장작을 때는 난로가 있고, 긴 책꽂이가 벽 한쪽을 모두 차지하고 있었다. 그 옆에는 피아노가 있고, 큰 유리창 옆으로 식탁과 부엌이 있었다. 밖은 허름해 보였지만, 집 안은 이 집만의 느낌과 풍경을 간직하고 있었다. 집에 들어와 보니 선생님과 함께할 시간이 더 기대되었다.

우리는 난로 앞에 둘러앉았다. 선생님이 "너에 대해서 소개해 줄래?" 하셨다. 질문을 받고 순간 당황했다. 처음 전화를 걸었을 때부터 여러모로 우리를 당황하게 만드는 분이셨다. 하지만 신기하게도 내 이야기라 그랬는지 말이 술술 나왔다. 갑작스러운 질문에 무언가 꾸밀 겨를 없이 이야기하다 보니 말이 더 쉽게 나왔는지도 모르겠다.

고개를 끄덕끄덕하며 우리 이야기를 듣던 선생님은 종이에 깔때기 하나를 그리셨다. 그러고는 "공부를 할 때는 이렇게, 이런 모양으로 해야 해" 하셨다. "먼저 깔때기의 넓은 부분처럼 삶에 다양한 경험을 가득 채우는 거야. 그 다음 깔때기가 점점 한곳으로 모여 깊어지는 것처럼 가슴 뛰는 것에 대해 깊은 배움을 갖는 거지."

선생님은 한 우물만 파면 우물 안 개구리밖에 되지 못하지만, 다양한 경험이 바탕에 있는 사람은 세상을 넓게 바라보는 힘을 가질 수 있다고 하셨다. 그리고 내 안에 쌓은 경험과 배움이 하나도 상관없는 것처럼 보여도, 살아가면서 그 경험이 연결되는 순간이 있을 거라고 하셨다.

이야기를 나누고, 선생님은 친구와 내가 잘 방에 이부자리 두 채를 깔아 주셨다. 불 꺼진 방에 누워 선생님이 하신 말씀을 다시 떠올렸다. '공감유랑이 세상을 넓게 바라볼 수 있는 힘이 되어 줄까?'

공감노동단

공감유랑의 가장 큰 주제는 '자립'이었다. 공감유랑은 스스로 길을 찾아가기 위한 여행이었고, 하루하루 우리 힘으로 살아내는 생존이기도 했다. 먹고, 자고, 여행하며 공감버스를 운행하기 위해서는 돈이 필요했다.

자립이라는 주제에 맞게 우리 힘으로 돈을 벌었다. 다양한 일을 했다. 고추 심는 일, 모판 만드는 일, 논에 물길을 내는 일 같은 농사일부터 나무를 자르고 옮기는 일, 버섯 종균 넣는 일, 청소하는 일, 손바느질로 만든 소품을 판매하는 일…. 그리고 거리 공연을 하며 공감유랑을 알리고 후원을 받기도 했다. 꼭 돈이 아니더라도 우리에게 필요한 먹거리나 물건을 나눔 받았다.

삶 이야기를 듣기 위해 찾아간 선생님 집에서도 그냥 먹고

자는 법은 없었다. 그곳에서 지내는 동안 우리가 할 수 있는 일을
했다. 콩을 고르기도 하고, 마당에서 풀을 뽑기도 하면서 말이다.
친구들과 "우리는 공감유랑단이 아니라 공감노동단이야!" 하며
농담 반, 진담 반 이야기하기도 했다.

　그러다 여행이 중간 즈음 흘렀을 무렵, "우리가 일하려고 공
감버스에 탄 게 아니잖아요?" 하는 이야기가 나왔다. 이렇게 노
동하는 시간이 우리에게 어떤 의미일까? 저녁마다 열리는 회의
에서 노동에 대한 이야기를 나누는 시간이 늘었다. 한 친구가 했
던 말이 기억에 남아 있다.

　"지금 우리가 사는 세상이 있기까지 노동이 필요했어요. '노

동'은 세상에서 사라지지 않을 낱말 가운데 하나 아닐까요? 노동
은 세상을 살아가기 위한 방법이고, 우리가 자립해 나가는 길이
라고 생각해요."

친구 말처럼 이렇게 수많은 것이 바뀌어 온 세상에서 노동
이 사라지지 않은 이유가 있지 않을까? '노동'과 '노동자'를 떠올
릴 때 드는 느낌은 사람마다 다르다. 누구나 일하며 살아가지만,
세상에는 '일'에도 높낮이가 있는 듯하다. 몸으로 땀 흘려 일하는
사람들을 낮추어 보는 사람이 많은 걸 보면 말이다. 솔직한 내 생
각을 묻는다면 나도 그랬다. '노동자' 하면 까만 얼굴에 지친 표
정이 떠올라 왠지 칙칙한 느낌이 들었다. 하지만 일을 하면서 느
꼈다. 내가 누리는 모든 것이 누군가 흘린 땀으로 이루어졌다는
사실을 말이다. 일하는 사람들의 까만 얼굴이 환해 보이기 시작
한 건 그때부터가 아닐까 싶다. 칙칙하다고 생각해 온 그분들의
손에서 우리 삶이 일구어지고 있었다. 공감유랑을 하며 '노동'에
대한 시선이 달라졌다.

당연한 것들도 보고 경험하지 않으면 잊고 살아갈 때가 많
다. 잘 보이지 않는 것, 그래서 잊히기 쉬운 것들을 기억하는 사
람이 되고 싶었다. 정말 귀한 것이 무엇인지 알아채는 사람이 되
고 싶었고, 귀한 것이 귀한 대접을 받을 수 있는 세상에서 살고

싶었다. 세상에서 사라지지 않을 말 '노동'은 세상을 살아 있게 하는 '숨'이었다. 그리고 나에게 노동은 '되고 싶은 나'와 '살고 싶은 세상'을 찾아가게 해 주는 길이 되어 가고 있었다.

될 대로 돼라!

충북 단양, 소백산 자락에 있는 '다리안'이라는 곳으로 소풍을 갔다. 우연히 알게 된 곳인데 폭포와 숲길, 넓은 잔디밭이 소풍하기 좋아 보였다. 소풍에 김밥이 빠질 수는 없었다. 달걀을 부치고, 당근을 볶고, 친구들과 아침 일찍부터 김밥을 말았다.

날씨도 따뜻하고, 도시락도 맛있고, 모든 게 좋은 날이었다. 가족들과 이따금 봄 소풍이나 가을 소풍을 가긴 했지만, 친구들과의 소풍은 오랜만이었다. 다리안 폭포를 둘러보고, 넓은 잔디밭에서 게임을 했다. 무려 저녁밥 당번이 걸려 있어서 모두 온 힘을 다했다.

우리는 아무 걱정 없이 신나게 놀았다. 그렇게 모든 게 좋은 날인 줄 알았다. 그런데 그날 저녁, 숙소를 구하지 못했다. 머물 곳이 미리 정해져 있는 날도 있었다. 여행 경비를 벌기 위해 농사

일을 할 때는 우리가 머물 수 있는 농막을 함께 빌려주는 곳이 많았다. 공감버스를 살 때 후원해 주셨던 분들의 소개로 머물렀던 곳도 있다. 물론 소개를 받아 머무는 곳에선 때마다 그곳에 필요한 일손을 보탰다. 대단한 일은 아니었지만, 흔쾌히 마음을 내어주신 분들에게 고마운 마음을 전하기 위해서였다. 또 마을 공동체를 탐방하고 그 마을에 머무르기도 했고, 여행하면서 만난 분들을 통해 새로운 만남이 이루어지기도 했다. 하지만 일정을 빽빽하게 계획하고 다녔던 여행이 아니었기 때문에 숙소가 정해져 있지 않은 날이 많았다. 계획이 없는 날은 무얼 할지 정하는 것부터 밥을 해 먹는 것, 숙소를 구하는 것까지 우리 몫이었다.

숙소는 마을회관이 되기도 했고, 청소년 수련관이나 교회, 어느 단체의 사무실이 되기도 했다. 비용을 받지 않고 공간을 빌려주는 곳이 있으면 그날은 그곳에 머물렀다. 하지만 다리안은 관광지라서 그런지 마을회관을 빌리는 데 10만 원을 내라고 했다. 하룻밤에 10만 원이라니 우리에게는 턱없는 소리였다.

무작정 버스를 타고 목적지도 없이 버스가 달리기 시작했다. 친구들은 노래하고, 잠도 자고, 별걱정이 없어 보였다. 생각보다 너무 편안한 버스 분위기가 당황스러웠다. 나는 어떤 일을 시작하기 전에 꼼꼼히 계획부터 짠다. 그리고 차근차근 해 나가야 일이 된다. 여행도 마찬가지였다. 어디서 무얼 할지, 어디서 자고 먹을지 정하고 가야 마음이 편했다. 그런 성격이 도움이 될 때도 있고, 나를 힘들게 할 때도 있었다. 삶은 늘 계획대로 되는 것이 아니니까 말이다. 갑작스러운 변수가 나타나면 어쩔 줄 몰라 했다.

달리는 버스 창밖을 가만히 보다가 '내가 이렇게 걱정한다고 뭐가 달라질까?' 하는 생각이 들었다. 나도 친구들처럼 그냥 이 상황을 조금 즐겨 볼까 싶었다. 날은 어두워지는데 어디로 가야 할지 모르는 저녁, 이것도 여행의 묘미라면 묘미일 테니까. 그렇게 생각하고 보니 그렇게 발을 동동 구를 만한 큰일이 아니라고 느껴졌다. 시간이 지나면 아침은 찾아올 것이고, 하룻밤쯤 버스에서 지내도 괜찮았다.

친구의 제안으로 지나가는 마을마다 내려서 마을회관을 빌려 보기로 했다. 첫 번째 마을, 두 번째 마을, 세 번째 마을…. 공감 유랑을 설명하며 마을회관을 빌리러 다녔다. 숙소를 구하러 여러 곳을 다니다 보니 친구들도 나도 나중엔 툭 하고 자연스럽게 말이 나왔다. 그렇게 충청북도 단양군에서 경상북도 영주시 죽령 마을까지 왔다. 다행히 그곳에서 마을회관을 빌릴 수 있었다. 마을 할머니들은 갑자기 찾아온 우리에게 이것저것 먹을 것을 가져다주시며 따뜻하게 맞아 주셨다.

마을회관에 침낭을 깔고 누웠다. 한숨 쉬며 걱정하던 내 모습이 떠올랐다. 계획하는 일은 시키지 않아도 잘하니까, 이제는 계획 없이 부딪혀 보기도 해야겠다는 생각이 들었다. 당장 오늘밤, 내가 어디에 누워서 잠을 자게 될지 모르는 여행은 융통성이란 걸 길러 보기 좋은 기회였다. 나에게는 나를 너무 조이는 것보다 '될 대로 돼라!' 하고 놓아 주는 연습이 필요했다.

삐 거 덕 삐 거 덕

21명이 함께 공감버스를 타고 여행했다. 우리는 달라도 참 많이 달랐다. 누구에게는 중요한 것이 누구에게는 별로 대수롭지 않은 것이기도 했고, 누구에게는 쉬운 일이 누구에게는 어려운 일이기도 했다. 어디에서 자고, 어떻게 여행 경비를 마련할까 하는 것부터 몽쉘을 먹을까, 초코파이를 먹을까 하는 사소한 것까지 서로 다른 의견들이 나왔다.

우리는 저녁마다 둘러앉아 이야기하고 또 이야기했다. 다양한 생각을 조율하기 위한 시간이었다. 각자 마음을 나누기도 하고, 여행 방향을 의논하기도 했다. 여행하면서 서로 지켜 주었으면 하는 약속을 정하고, 자꾸 지켜지지 않는 약속은 함께 지켜 가기 좋은 방향으로 고쳤다. 한 가지 문제를 두고 며칠씩 이야기를 나누기도 했다.

이야기를 하다 보면 '같은 일을 겪고도 사람마다 생각이 흐르는 길이 이렇게 다르구나' 싶었다. 문득 어렸을 때 엄마와 했던 놀이가 떠올랐다. 엄마가 스케치북에 큰 동그라미를 그리고, 그 안에 작은 동그라미를 또 그렸다. 그리고 "이걸 보니까 뭐가 떠올라? 생각나는 대로 그림을 더 그려 봐" 하셨다. 나는 도넛을 그리고, 여동생은 커다란 곰돌이를 그렸다. 작은 동그라미를 까맣게 칠해서 곰돌이 코로 만들었다. 남동생은 "CD 같기도 하고, 냄비 뚜껑 같기도 해" 하며 두 가지 그림을 그렸다. 우리는 서로 그린 그림을 보면서 "우아, 그러네. 곰돌이도 되네!" 하며 즐거워했다. 틀리고 맞는 것은 없었다. 그저 바라보는 시선과 떠오르는 생각이 다를 뿐이었다.

공감유랑도 그랬다. 누가 틀리고, 누가 맞다고 할 수 없었다. 어쩌면 그래서 생각을 조율하는 데 더 많은 시간이 들었는지 모른다. 시원하게 해결법이 나오지 않을 때도 있었고, 함께 내린 결정이었지만 누군가는 공감하지 못할 때도 있었다. 모두에게 좋은 방법을 찾기란 쉽지 않다. 무조건 다수의 의견을 따르는 것이 좋은 답이라고 할 수도 없다. 아무리 좋아하는 친구들이라고 해도 함께한다는 건 어려운 일이었다. 계속되는 여행에 몸이 지칠 때면 작은 일에도 쉽게 마음이 상했다. 이따금 차라리 혼자가 편하겠다는 생각도 들었다. 하지만 함께라서 생기는 힘을 볼 때면 그런 마음이 누그러졌다. 서로 다름을 조율해 가는 일은 살면서 끝없이 해야 할 일이겠구나 싶었다.

　　우리의 여행을 돌아보면 그야말로 '좌충우돌'이라는 말이 딱 어울린다. 그럼에도 끝까지 공감버스에 남아 있었던 이유는 내 생각을 말할 수 있는 공간이었기 때문이다. 이 세상에 솔직하게 내 생각을 말할 수 있고, 다른 생각을 들을 수 있는 곳이 얼마나 될까?

서로 다른 존재들이 살아가는 세상에서 상대의 생각에 귀 기울여 주는 것이 당연한데, 이상하게 세상은 그렇지가 않다.

저녁 회의를 하느라 오래 앉아 있다 보면 궁둥이가 아파 오고, 머리가 지끈거렸지만 한편으로는 다행이라고 생각했다. 얼마든지 자기 생각을 이야기할 수 있고, 생각을 나누는 데 충분한 시간을 쓸 수 있으니 말이다. 하루하루 삐거덕거리는 우리였지만 솔직하게 말하고 들어 주던 그 시간이 지금 나에게 힘으로 남아 있다. 잘 견뎠다, 우리 모두.

폭신폭신한 추억

광주 시내에서 거리 공연을 하기로 한 날이었다. 공연하면서 우리가 손바느질로 만든 물건을 판매하고, 여행을 위한 후원도 함께 받기로 했다. 공연팀 친구들이 아침부터 시내에 나가 공연 장소를 찾았다. 앰프를 쓰려면 전기를 쓸 수 있는 곳이어야 했다. 부지런히 광주 시내를 다닌 끝에 우체국 앞에서 공연하기로 정하고, 전기까지 빌려 두었다. 그런데 예상했던 것보다 공연 준비가 늦어졌다. 결국 약속한 시간이 지나 아침부터 뛰어다닌 노력이 허투루 돌아갔다.

다시 한참을 돌아다닌 끝에 옷가게 앞에 작은 공간을 얻었다. 악기를 꺼내고, 판매할 물건을 진열했다. 악기 소리를 맞춰 보며 공연 준비를 하는 공연팀 친구들이 시작하기도 전에 지쳐 보였다. 아침부터 먹은 것 없이 뛰어다녔으니 당연했다.

나는 무작정 시내 큰길로 나왔다. 그리고 마침 눈에 띈 델리만쥬 가게에 들어가 이야기를 시작했다.

"저… 저는 지금 친구들이랑 전국 유랑을 다니고 있는데요, 자립을 주제로 저희가 스스로 여행 경비를 벌고, 삶의 방향에 대해서 고민하고 있어요. 오늘은 광주에서 거리 공연을 하고, 저희가 만든 물건도 판매하고 있고요. 그런데 아침부터 공연 장소를 찾아다니느라 아무것도 못 먹은 친구들이 있어서요. 그래서 그런데 여기서 빵 기부를 받을 수 있을까요?"

한마디를 내뱉을 때마다 가슴이 벌렁벌렁거렸다. 그런 용기가 어디에서 나왔는지 나도 모른다. 그냥 지친 친구들의 얼굴 때문에 발이 저절로 움직여 델리만쥬 가게 앞까지 가 있었다. 떨리는 마음이 표정에 다 읽혔는지 가게 사장님이 나를 보고 살며시 웃으셨다. 그리고 "배고프다는데 줘야지!" 하며 가장 큰 봉투를 집어 드셨다. 델리만쥬를 한 봉지 가득 담아 주시며 "여행 잘하

고, 다음에는 친구들이랑 사 먹으러 오너라" 하셨다.

　델리만쥬 봉지를 품에 안고 친구들에게 돌아가는 길, 마구 뛰었던 마음이 갓 구운 빵에서 전해지는 따뜻함과 향기에 조금씩 가라앉았다. 빵을 들고 나타난 나를 보고 친구들이 눈을 동그랗게 떴다. 순간 나에게 집중된 시선이 쑥스러워서 얼른 빵 봉지를 내밀었다. "배고플 것 같아서…." 친구들은 "오오, 혼자 기부 받아 온 거야? 고마워!" 하며 내 등을 토닥였다. 얼굴에 뿌듯함이 자꾸 삐져나왔다.

　지금도 델리만쥬를 보면 흔쾌히 빵을 담아 주시던 사장님이 떠오른다. 공감유랑이 끝나고 두세 해쯤 지나 델리만쥬 가게를 찾아가 보았다. 아쉽게도 다른 가게로 바뀌어 있었다. 조금 더 일찍 찾아가 볼 걸 후회가 된다. 무작정 거리에 나가 불끈 낸 용기에 빵처럼 폭신폭신한 웃음으로 답해 주신 사장님에게 고마운 마음을 전하고 싶다. 그 마음을 딛고, 나는 조금 더 자랐다.

4장

바람처럼 자유롭고
별처럼 당당하게

여행하는 것과 머무는 것은

또 다른 느낌이에요.

자연이 주는 힘이었을까요?

찬찬하면서 힘이 나고

새로우면서 편안했어요.

처음 공감유랑 설명회가 열릴 때 길잡이 선생님은 프로그램을 크게 다섯 가지로 나누어 설명하셨어요. 공감유랑을 돌아보면 다섯 가지 주제가 정확하게 딱딱 나누어지지는 않지만, 설명회 때 이야기하신 큰 틀에서 벗어나지는 않았다고 생각해요.

3월은 함께 여행하기 위한 준비, 4~5월까지는 자립하는 힘과 함께 사는 힘을 기르는 시간이었어요. 6~8월까지는 여러 지역을 다니며 다양한 모습으로 살아가는 사람들을 만나는 시간이었고, 9~11월은 여행하며 만난 공간과 사람들 가운데, 조금 더 배움을 갖고 싶은 곳을 찾아가 홀로서기를 해 보는 인턴 과정이었어요. 그리고 12월은 다시 모여 공감유랑을 정리하며, 내가 찾은 길을 표현하고 나누는 시간이었지요. 3~8월까지 함께 여행하는 동안, 어디에 머물러 인턴 과정을 보내면 좋을까 생각했어요. 공감버스에 탄 친구들 모두 고민이 많았을 거예요. 늘 뭉쳐 있던 친구들과 떨어져 혼자 헤쳐 나가야 하는 시간이었으니 말이에요.

저는 전북 장수군 번암면 작은 산골 마을에 있는 장수 논실 마을학교에 머물기로 했어요. 폐교된 초등학교를 고쳐서 마을학교로 만든 곳이었어요. 달마다 열리는 인문학 강좌를 통해서 함께 생각을 나누는 배움터였고, 누구나 쉬어 갈 수 있는 쉼터였어요. 길잡이 선생님과 인연이 있어 알게 된 곳이에요. 12월에 열린 공감유랑 마지막 축제도 장수 논실 마을학교에서 했어요.

그곳에서 만난 사람들과 마을 길 풍경, 그리고 고요하게 흘러가는 시간이 좋았어요. 특히 학교 후문으로 나가서 5분쯤 걸으면 나오는 느티나무가 마음에 꼭 들었어요. 몇백 살이 된 느티나무 어르신이었어요. 오래전이라 정확한 기억은 아니지만 400살쯤 된 나무로 기억해요. 내가 무슨 이야기를 해도 다 들어 줄 것 같은 나무였어요. 왠지 대답도 해 줄 것만 같았지요. 장수에서 지내는 동안 느티나무에 기대어 앉아 있는 날이 많았어요.

신 기 한 산 골 마 을

논실 마을학교와 멀지 않은 곳에 사시는 이남곡 선생님에게 논어를 배우며, 된장 공장에서 장 담그는 일을 배우기로 했다. 된장 공장은 이남곡 선생님 식구들이 운영하는 곳이었다. 오랜 시간 이어져 온 장 담그는 기술을 배우고 싶었다. 그 기술이 사라지지 않도록 간직하고 싶었다. 그리고《논어》는 어떤 책이기에 2천 년이 넘는 세월 동안 사람들에게 읽혀 왔을까 궁금했다. 오래된 것에게는 나를 끌어당기는 매력이 있다. 오래된 것을 보면 어떤 이야기가 담겨 있을까 궁금하고, 그 이야기가 특별해 보인다.

그리고 인턴 과정 동안 공감유랑을 하면서 꾸준히 쓴 시를 정리해서 작은 시집도 엮어 볼 계획이었다. 어릴 때부터 글 쓰는 걸 좋아했다. 시가 마음에 찾아올 때마다 차곡차곡 공책에 모아 두었다.

짧은 시간이었지만 산골 마을에서 사람들과 어울려 살아 보는 것은 처음이었다. 공감유랑을 하면서 여러 농촌을 지나왔지만, 여행하는 것과 머무는 것은 또 다른 느낌이었다. 자연이 주는 힘이었을까? 잔잔하면서 신이 나고, 새로우면서 편안했다. 평화로웠다.

장수에서 지내는 동안 논어와 장 담그는 일 말고도 배울 거리가 많았다. 장수 논실 마을학교에는 배이장님, 호근샘, 기만샘이 함께 계셨다. 배이장님은 목수였다. 목공 작업장이 마을학교 안에 있어 목공을 배울 수 있었다. 배이장님은 만들어 보고 싶은 게 있으면 언제든 오라고 하셨다. 무언가를 만드는 걸 좋아하는 나는 얼른 목공 작업장에 찾아갔다. 공구 쓰는 법과 만드는 과정을 배워서 조그만 선반과 의자를 만들었다.

호근샘은 된장 공장에서 일하는 분이었다. 된장 공장에서 퇴근하면, 호근샘에게 저녁마다 마을학교 강당에서 택견을 배웠다. 그때 배운 동작은 하나도 기억이 나지 않고, "이크에크 이크 에크" 했던 소리만 기억이 난다. 택견을 할 때의 호흡법이었다.

기만샘은 연찬을 공부하셨다. 연찬은 무엇이든 한 가지로 단정 짓지 않고 열린 마음으로 진리를 찾아가는 공부라고 했다. 기만샘이 여는 연찬회에 가 보았다. 연찬에 참가한 사람들은 선 입견과 고정관념으로부터 자유로워지기 위해 끝없이 질문하고, 돌아보고, 또 질문하기를 계속했다. 한 번도 생각해 보지 못했던 질문이 당황스럽고 조금 낯설기도 했지만, 진리가 뭘까 생각하면서 자연스러운 것, 나다운 것에 대한 고민도 함께 이어 갈 수 있었다. 자연을 가까이 만나는 산골 마을은 연찬 공부를 하기 좋은 공간이었다. 그렇게 자연 곁에서 진심을 잃지 않는 사람이 되고 싶었다. 작은 산골 마을에서 이렇게 많은 것을 경험하고 배울 수 있다는 것이 놀라웠다.

가만히 있어도 공부가 되는

아침 7시에 일어나 7시 30분에 길을 나섰다. 된장 공장에 걸어가기 위해서였다. 논실 마을학교에서 된장 공장까지 걸어서 30분 정도 되는 거리였다. 뻥 뚫린 논밭 사이로 아침 공기를 마시며 걷는 기분이 개운했다. 산 중턱 마을에 있는 된장 공장에 가려면 오르막길을 한참 올라야 했다. 걷기 여행을 많이 다녀 본 나는 '에이, 이 정도쯤이야' 싶었다. 하지만 몇 분 지나지 않아서 거친 숨소리가 조용한 산골 마을길을 가득 채웠다. 자신만만했던 게 민망할 만큼 숨을 몰아쉬며 올라갔다. 나란히 줄을 선 항아리들이 나를 맞아 주었다.

된장 공장 대표님, 그리고 함께 일하는 호근샘과 어떻게 인턴 기간을 보낼지 이야기를 나눴다. 월요일과 화요일에 일하고, 고추장과 청국장을 담글 때는 조금 더 자주 공장에 나오기로 했다. 아쉽게도 시기가 맞지 않아서 된장을 담가 보지는 못했다.

일하는 첫날, 간장을 포장하면서 이야기를 나누었다. 호근샘은 된장 공장에 가만히 있기만 해도 공부가 된다고 하셨다. 그게 무슨 말일까? 나도 이곳에서 일하다 보면 느낄 수 있을까? 한 번에 그 의미를 다 알 수는 없었지만, 가만히 있어도 공부가 되는 공간에서 일하며 산다니 멋지다는 생각이 들었다. 나도 만나고 싶었다. 멋있게 살아갈 그런 공간, 그런 일을.

그런 세상 1

논실 마을학교에서 키우는 산양 양양이가 하늘나라에 갔다. 너무 갑작스러웠다. 처음 논실 마을학교에 오던 날부터 양양이가 눈에 띄었다. 학교 운동장 한쪽에 산양이 산다니 신기한 풍경이었다. 된장 공장에 가려고 길을 나설 때마다 양양이를 보았다. 짝사랑하듯 나만 양양이를 보고 "오늘도 안녕!" 하고 인사하는 날이 많았다. 하지만 나중에는 이따금 양양이도 나와 눈을 맞춰 주었다. 까만 얼굴에 까만 눈으로 가만히 나를 바라봐 주었다.

어제도 된장 공장에 가면서 인사를 나눴는데…. 이제 운동장을 뛰어다니는 양양이를 볼 수 없다니 기분이 이상했다. 양양이가 먹은 보리 때문에 일어난 일이었다. 보리는 배 속에서 자꾸 불어나는 성질이 있어서 동물에게 주면 안 된다고 한다. 그런데 그 사실을 아무도 몰랐다. 견디기 힘든 포만감에 시달리다 결국 양양이는 죽고 말았다. 아무도 생각하지 못했던, 그래서 준비하지 못했던 이별이었다. 몰랐다고 말하기에는 너무 큰 결과를 낳아 버렸다.

양양이를 살피러 온 수의사가 이런 일이 소에게 생기면 수술을 해 준다고 했다. 이유는 간단했다. 소는 비싸니까. 수의사 선생님의 말에 마음이 더 슬퍼졌다. 똑같은 생명인데 '비싸니까'라니….

그런 세상 2

공감유랑을 하느라 한동안 학교너머 캠프를 열지 못했다. 하지만 공감버스에 타지 않은 학교너머 친구들이 있었다. 캠프가 열리지 않아서 아쉽다는 소식을 듣고, 장수 논실 마을학교에서 바느질 캠프를 열기로 했다. 옷 만드는 일에 관심이 있는 친구들이 있었고, 마침 가까운 마을에 한복을 만드는 선생님이 계셨다.

캠프가 열릴 즈음 찬바람이 불기 시작했다. 따뜻한 방에 둘러앉아 귤 까먹으며 바느질하기 딱 좋은 철이었다. 캠프를 기다리던 학교너머 친구들이 장수까지 찾아와 주었다. 선생님을 모시고 손바느질로 바지와 조끼 만드는 법을 배웠다. 긴 시간 방에 앉아 바느질을 하다 보니 이런저런 이야기가 오고 갔다. 오랜만에 만난 친구들이라 더 나눌 이야기가 많았다.

캠프에 온 친구가 나에게 물었다. 나보다 2살 어린 동생이었다.

"언니, 내년에 고3이지? 대학 안 가?"

"나는 학교 안 다니니까 고3은 아니고, 그냥 19살이지. 아직 대학 갈 생각은 없어. 필요해지면 그때 생각해 보려고."

"헐, 대학 나와도 취업하기 힘들다는데 어쩌려고? 요즘 계산

대 보는 알바들도 완전 고스펙이래."

"꼭 취업해야 하는 건 아니잖아. 내가 하고 싶은 일은 취업이 아닌데?"

"대박. 그럼 뭐 먹고 살려고? 우리가 홈스쿨러긴 해도 대학은 가야 하지 않아?"

놀란 눈으로 나를 보는 친구 얼굴을 보니 '홈스쿨러라고 모두 대학으로부터 자유로운 건 아니구나' 싶었다.

꽤 오래전, 개그콘서트에 〈용감한 녀석들〉이라는 코너가 있었다. 용감한 녀석들이 무대에 나올 때, "show me the money 돈 없으면 바보가 되는 세상, give me the money 돈만 주면 뭐든 다 되는 세상"이라는 노래가 나왔다. 돈이 가장 큰 기준이 되는 세상이다. 자본주의 사회는 청소년들에게 잘 먹고, 잘 살 수 있는 길로 '대학'을 제시했다. 여기서 잘 먹고, 잘 산다는 건 돈을 잘 번다는 뜻일 것이다. 내가 왜 대학에 가야 하는지, 나는 어떤 삶을 살고 싶은지는 상관없었다. '자기 주도'라는 표현을 흔하게 쓰지만, 거의 모든 청소년에게 선택지는 '대학' 하나로 정해져 있었다. 그것도 '그냥 대학' 말고 '좋은 대학'이어야 했다. 좋은 대학을 나와야 괜찮은 회사에 취업할 수 있을 테니 말이다. 청소년들은 살아남기 위해 죽을힘을 다해야 했다. "대학은 나와야 하지 않아?" 하는 친구 말에 얼마 전에 죽은 양양이가 떠올랐다. 비싸고 싸고, 성공하고 실패하고. 그런 기준들은 언제, 누가 정한 걸까?

〈용감한 녀석들〉에서 개그맨들이 부르는 노래는 "한숨 대신 함성으로, 걱정 대신 열정으로! 우리는 꿈꾸는 세상을 원한다. 현재의 사회 앞에 당당하게 요구하는 우리는 Yo, 용감한 녀석들!" 하고 끝이 난다. 꿈꾸는 세상에서 대학은 '필수'가 아니라 '필요' 가 되어야 한다고 생각한다. 꿈꾸는 모두에게 대학이 필요할 리 없기 때문이다. 그래야 대학도 '학문을 하는 곳'이라는 제자리를 찾아갈 수 있지 않을까?

우리는 모두 다르고, 바라는 삶과 꿈도 다르다. 세상에 그만큼 다양한 길이 있길 바란다. 지금 내가 살아가는 사회에서 내야 할 소리를 내며 용감하게 살고 싶다, 혼자 말고 같이.

우 리 도 고 추 장 처 럼

꼬박 이틀을 공들인 보리고추장이 완성되었다. 엿기름과 고춧가루, 청국장 가루와 소금이 한데 어울려 고추장이 되었다. 따로따로 맛을 보면 저마다 자신만의 빛깔을 내고 강한 향과 맛을 내는

재료들인데, 어떻게 그 재료들이 어울려 이런 맛을 낼까? 내 손
으로 재료들을 비비면서도, 원래 하나였다는 듯 조화롭게 어울
리는 고추장 맛이 신기했다.

　고추장을 비비다가 사람도 그렇지 않을까 생각했다. 달라서
함께할 수 있고, 달라서 새로울 수 있고, 달라서 하나가 될 수 있
는 게 아닐까? 소금이 구수할 수 없고, 청국장 가루가 매울 수 없
고, 엿기름이 짤 수 없는 것처럼 말이다. 나에게도 고추장처럼 어
울려 살아갈 사람들이 찾아올까? 고추장을 만드는 내내 여러 곳
에 흩어져 인턴 기간을 보내고 있을 친구들이 떠올랐다. 우리도
고추장처럼 자기 맛을 잃지 않고 조화로울 수 있는 길을 함께 찾
고 있는 것이었다.

아 니 면 돌 아 가 면 되 지

수요일마다 몇 사람이 모여 이남곡 선생님과 《논어》 공부를 했
다. 첫 시간에는 '아집'에 대한 이야기를 했다. 선생님은 "아집을
버려라"는 것이 논어의 중심 이야기라고 하셨다. 아집이 있는 사
람은 잘 배우려 하지 않고, 스스로 생각을 가둔다면서, 생각을 가
두지 않는 것이 진리를 찾아가는 길이라 했다.

사람마다 가진 생각이 있고, 지키려고 하는 중심이 있다. 그
중심은 삶에 꼭 필요한 것이라고 생각한다. 중심을 지키는 것과
아집은 어떻게 다른 걸까? 공부를 마치고 돌아오는 차 안에서 생
각에 잠겼다. 달리는 소리가 일정하게 들리는 차 안은 생각하기
좋은 장소였다.

그 둘을 나누는 기준은 '돌아 나올 수 있는 힘'이라는 생각이
들었다. '이것이 아니었구나!' 하는 생각이 들 때 과감히 되돌아
나올 수 있어야 한다. 나는 그 용기가 중심을 지키며, 아집을 버
릴 수 있는 길이라 생각했다. 한번 들어선 길을 되돌아 나오는 것
이 얼마나 두려운 일인지 어렴풋이 알고 있다. 홈스쿨링을 시작
하면서 '이 길이 아니면 어쩌나' 하는 두려움이 끝없이 나를 괴롭
혔으니 말이다.

여행을 하면서 표시가 없는 길을 걸을 때면 "아니면 돌아가면 되지!" 하는 말을 많이 했다. 왠지 그 말을 할 때, 속이 뻥 뚫리는 듯 시원했다. 걷기 여행을 할 때처럼, 삶에서도 "아니면 돌아가면 되지!" 하는 말을 속 시원히 할 수 있을까? 너무 무겁지 않고도 단순하게. 그 마음을 지키며 살아가는 자유로운 사람이고 싶다.

그리운 날

나는 공감유랑을 하는 동안 자연스럽게 글을 썼다. 애쓰지 않아도 내가 만나는 사람과 자연, 노동과 삶, 그 모든 여행길이 글을 쓸 수밖에 없게 했다. 있는 그대로 마음과 생각을 공책에 담았고, 그 글이 '나'라는 사람을 잘 표현해 주었다. 그때도 지금도 내가 길 위에 서는 이유는, '나'를 꾸밈없이 만나기 위해서다.

흔들리는 버스 안에서 삐뚤빼뚤한 글씨로 참 많이도 썼다. 공감유랑을 마치며 시집 한 권을 엮었다. 제목을 한참 고민하다가 '오늘을 사는 사람'이라는 뜻을 담아 '오늘살이'로 정했다. 흘러간 '어제'도 있고, 다가올 '내일'도 있지만, 내가 살아가고 있는 시간은 언제나 '오늘'이다. 오늘 행복할 수 있으면 내일도 행복할 수 있다. "그걸 누가 몰라?" 할 수도 있다. 하지만 아는 것에 그치지 않고, 그렇게 살아가는 것이 힘이라고 생각한다.

지금《오늘살이》시집을 펼쳐 보면 어릴 때 쓴 일기장을 보는 것처럼 얼굴이 빨개진다. 그래도 시를 읽으면 그때 마음과 표정, 꿈이 느껴진다. 공감유랑을 함께한 시간이 고스란히 담겨 있어 나에게는 소중한 책이다. 공감유랑을 마친 뒤에도 길고 짧은 여행을 이어 갔다. 꾸밈없이 글을 써 내려가던 그 느낌을 잃어버리고 싶지 않았기 때문이다. 이따금 시가 찾아오지 않을 때, 공감버스가 그리워진다.

모 든   시 간 은

홈스쿨링을 시작하기 전 나는 시간을 허투루 쓰는 것을 싫어했다. 그래서 거의 모든 시간에 계획이 짜여 있었다. 생각하지 못한 일로 계획이 틀어질 때마다 불편했다. 그리고 그 시간에 하지 못한 일을 해내기 위해 내 하루는 더 바빠졌다. 그런 내가 홈스쿨링을 시작하며 무얼 해야 할지 몰라 멍하게 시간을 흘려보냈으니⋯. 나는 분명 그 시간을 후회하게 될 거라 생각했다.

　나는 공감버스를 타고 조금 느슨한 사람이 되었다. 그리고 삶은 늘 계획대로만 되지 않는다는 걸 받아들일 수 있게 되었다. 아무 계획 없이, 마음이 가는 대로 발을 내디뎌 보는 것도 용기라는 걸 알았다. 그리고 후회할 거라 확신했던 그 시간이 나에게 필요한 '틈'이었다는 것도 이제는 안다. 이미 흘러간 시간에 '허투루'라는 건 없었다. 모든 시간은 어떤 의미가 되어서 내 삶에 영향을 주고 있었다.

　공감버스는 '계획'과는 거리가 먼 여행이었다. 당장 오늘 밤 어디서 잘지, 내일은 어디로 갈지 모르는 날이 많았다. 짜여 있던

계획도 여러 생각을 조율하다 보면 자꾸 바뀌었다. 하지만 공감 버스를 타고 있는 동안 나는 시간에 쫓기지 않았다. 친구들과 마음껏 웃었고, 치열하게 고민했다. 하루하루 흘러가는 대로 나에게 주어진 시간을 살았다. 자유로웠다. 신기한 시간이었다. 그리고 지금도 고마워하고 있다. 그 시간을 함께해 준 선생님과 친구들에게.

공감유랑 때 말이야

공감유랑을 시작하면서 친구들과 타임캡슐을 묻었다. 타임캡슐에 '공감유랑을 마칠 때 바라는 내 모습'에 대한 글을 써서 넣었다. 그리고 공감유랑을 마치는 날 찾으러 오기로 했다. 하지만 그 타임캡슐은 아직 땅속에 그대로 묻혀 있다. 공감유랑을 마쳤을 때, "타임캡슐을 열어 보기에 1년은 너무 짧아. 적어도 10년은 지나야지!" 하고 의견이 모아졌기 때문이다. 2021년, 10년 뒤에 모여 타임캡슐을 열어 보기로 했다. 그런데 타임캡슐에 어떤 이야기를 썼는지 아직도 기억이 난다. 잊어버려야 타임캡슐을 열어 보는 재미가 있을 텐데 말이다.

2011년 3월 3일부터 12월 13일까지, 우리나라에서 가장 먼저 벚꽃이 피는 남쪽 섬 제주부터 가장 오랫동안 눈꽃이 머무는 강원도 양구까지 전국 방방곡곡을 누볐다. 그렇게 300일이라는 시간을 보내고 공감버스를 내린 곳은 종착지가 아니라 여전히 걸어 나가야 할 경유지였다. 공감유랑을 떠나면서 나는 쉽게 흔들리지 않는 단단하고 당당한 사람이 되고 싶었다. 하지만 20대가 된 지금도 여전히 흔들리며 산다.

내가 대학에 빨리 가기 위해서 홈스쿨링을 선택했다고 생각하는 주변 사람이 많았다. 17살이 되던 해부터 수능 잘 봤냐는 질문을 받았으니 말이다. "수능 잘 봤니?" "올해는 수능 봤지?" "올해도 수능 안 봤어?" 하고 해마다 질문이 조금씩 바뀌었다. 19살에 수능을 보지 않았다고 했을 때, 사람들은 동그란 눈으로 나를 봤다. 놀란 눈인지, 실망한 눈인지 알 수 없는 눈으로.

공감유랑을 마친 다음 해 겨울, 우리 식구는 산골 마을로 삶의 터를 옮겼다. 자연과 가까운 곳에 살며, 농사를 지어 보고 싶었다. 알 수 없는 눈으로 나를 보던 사람들은 우리가 선택한 길을 이해하지 못했다. 누가 인정해 주지 않아도 가야 할 길이라는 걸 느꼈다. 어른이 되면 삶을 선택해 가는 일이 조금 더 쉬워질 줄 알았다. 하지만 나를 잃지 않기 위해서는 더 많은 기둥이 필요했다.

'공감유랑'이라는 기둥은 지금도 세찬 바람 가운데 나를 잘 지켜 주고 있다. 나는 기억한다. 저마다 자리를 지키며 묵묵히 오늘을 살아내는 분들을 말이다. 여행에서 만나고, 나에게 배움을 주었던 분들은 삶에서 소중히 지켜야 하는 것이 무엇인지 알고 계셨다. 그분들의 삶을 기억하며 나도 내가 지켜야 할 자리와 소리를 찾아가는 길이다.

나는 지금도 이따금씩 "공감유랑 때 말이야"라는 말을 한다. 삶 가운데 300일은 짧은 시간이지만, 나는 그 어느 때보다 많은 이야기를 그 시간에 담아 두었다.

5장

산티아고, 다시 길 위에서

산티아고에 같이 가자는 제안을 받았을 때
'가고 싶다'는 마음이 가장 먼저 들었어요.
순례길을 걸으면서 나를 지켜 줄
또 다른 기둥을 세우고 싶었어요.

21살이 되던 해, 저는 또 한 번의 긴 여행을 준비하고 있었어요. 산티아고로 순례를 떠나기로 한 거예요. 산티아고 순례길 (El Camino de Santiago)은 성 야고보의 무덤이 있는 스페인의 도시, 산티아고 데 콤포스텔라(Santiago de Compostela)로 가는 길이에요. 1998년에 유네스코 세계 유산으로 등록된 길이기도 해요. 산티아고(Santiago)는 야고보의 스페인식 이름 이에요. 까미노(camino)는 길이라는 뜻이고요. 뜻을 풀어 보면 '야고보의 길' 정도가 되겠네요.

산티아고 순례길은 다양한 코스가 있어요. 저는 프랑스에서 출발해 스페인 산티아고에 도착하는 '프랑스 길'을 걸었어요. 800킬로미터 정도 되는 가장 긴 코스인데, 많은 순례자가 프랑스 길을 따라 순례해요. 산티아고에서 멈추지 않고 조금 더 순례를 이어 갔어요. 스페인의 땅끝, 피니스테레(Finisterre)와 묵시 아(Muxia)까지 900킬로미터쯤 걸었을 거예요.

20살이 되고, 농사를 짓기 시작한 뒤에 "지금 시골에 가서 뭐 할 거냐. 아직 현실을 몰라 그렇다" 하는 소리를 많이 들어야 했어요. 청소년 때와는 또 다른 말을 듣게 되었지요. '내가 바라는 삶'을 충분히 고민해 왔고, 다른 사람 말에 흔들리지 않을 줄 알았어요. 하지만 그건 자신할 수 있는 게 아니었어요.

언젠가부터 알게 모르게 나를 포장하는 내가 보였어요. 말이라는 건 그럴싸해 보이기 쉬운 포장지였으니까요. 뭔가 있는 척하는 내 말에 남들은 고개를 끄덕일지 몰라도 스스로는 알잖아요. 보기 좋은 포장지일 뿐이라는 걸요. 딱히 거짓말이라고 할 수는 없는 말이었지만, 그렇다고 솔직한 모습도 아니었어요. 과대 포장을 한 셈이지요. 그런 나를 보는 일이 힘들었어요.

산티아고에 같이 가자는 제안을 받았을 때, '가고 싶다'는 마음이 가장 먼저 들었어요. 산티아고 순례길을 걸으면서 나를 지켜 줄 또 다른 기둥을 세우고 싶었어요. 그리고 공감유랑을 할 때처럼 자연스러운 글을 쓸 수 있기를 바랐어요. 다시 길 위에서 글을 쓴다니, 생각만으로 가슴이 둥둥 뛰었어요. 글을 쓴다는 건 있는 그대로 나를 바라볼 힘이 생긴다는 것이니까요. 그 힘이 강해지기도, 이따금 약해지기도 했어요.

길을 걸으면서 있는 그대로 내 안에 흐르는 것들을 털어놓고 싶었어요. 애써 포장했던 부끄러운 마음까지 모두 다요. 걷고 싶을 때 걷고, 멈추고 싶을 때 멈출 수 있는 그 길 위에서 자연스러움을 다시 찾을 수 있을 거라 믿었어요.

이번에도 무사히

산티아고에 함께 갈 친구들과 한 달에 한 번씩 만나 여행을 준비했다. 학교너머를 통해 오래 만나 온 친구도 있었고, 산티아고 순례를 준비하며 처음 만나게 된 친구도 있었다. 10대부터 40대까지 나이는 모두 달랐다. 그렇다 보니 산티아고를 걸으며 만났던 사람들은 우리가 어떤 사이인지 궁금해했다. "가족인가요?" 하고 물어 올 때마다 우리는 서로를 친구라고 소개했다. 우리 대답에 사람들은 신기하다는 듯 어깨를 으쓱 들어 올렸다. 멋진 친구 사이라고 이야기한 사람도 있다.

여행 일정은 두 달로 잡았다. 45일 정도 산티아고 순례를 하고, 나머지 시간은 스페인과 프랑스에서 보내기로 했다. 비행기 삯과 두 달 생활비로 최소 300만 원이 필요했다. 떠나기 전 이런저런 필요한 물품들을 준비하려면 조금 더 여유롭게 돈을 모아야 했다. 두 달 동안 유럽에 다녀오는 여행 경비로는 그렇게 큰돈이 아니었지만 나에게 300만 원은 큰돈이었다.

20살이 되면서부터 자립을 위해 일하고 돈을 벌었다. 여행을 준비하면서 산티아고 순례 경비를 모아야 한다는 목표가 하나 더 생겼다. 2013년 가을부터 여행 경비를 벌기 위해 배 과수

과일을 좋아해서 그런지

과수원과 인연이 많아요.

목돈이 필요할 때면

배, 사과, 감, 복숭아 과수원에서

일을 했어요.

원에서 일을 시작했다. 가을은 농촌에 일손이 많이 필요한 철이다. 300만 원을 다 모으려면 일거리가 많을 때 부지런히 일해야 했다. 거의 날마다 일을 나갔다. 배 과수원에 일이 없을 때는 감 과수원에 가서 일했다. 일이 있을 때 하루하루 일하고 일당을 받았다. 그때는 우리 집 농사일이 많지 않았기 때문에 다른 일을 더 할 수 있었다. 돈이 어느 정도 모였을 때, 2014년 6월 16일에 프랑스로 출발하는 비행기 표를 예매했다.

농한기인 겨울에는 일이 없을 거라는 걸 알고 있었다. 통장에 자꾸만 찍히는 출금 기록을 볼 때마다 걱정이 앞섰다. '부모님께 손 벌리지 않고, 내 힘으로 출발하고 싶은데… 여행 경비를 다 모을 수 있을까?' 하는 생각이 마음을 무겁게 짓눌렀다. 그러다 사고가 생기고 말았다. 감 과수원에서 감을 따다가 사다리에서 떨어져 발목 인대가 늘어났다. 아직 일하기로 한 날이 한참 더 남아 있는데 2주일이나 깁스를 하고 있어야 했다. 깁스한 채로는 일을 더 할 수 없었다. 날마다 몸을 움직여 일하다가 가만히 앉아 있으려니 갑갑했다. 자유롭지 않은 몸보다 막막한 마음이 더 힘들었다. 비행기 예매도 다 해 놓았는데, 여행을 포기해야 하는 걸까?

산티아고에 함께 갈 친구들과 달마다 꾸준히 만나며 오랫동안 준비한 여행이었다. 친구들은 부모님께 여행 경비를 보태 달라고 부탁드려 보라고 했다. 하지만 혼자 힘으로 준비해 떠나겠다는 다짐을 포기할 수 없었다. '다시 자연스러운 내 모습을 찾는 여행이 되지 않을까?' 기대했던 만큼 출발도 내 힘으로 해야 한다고 생각했다. 그렇다고 산티아고 순례를 포기할 수도 없었다. 꼭 가고 싶었다.

다행히 가을에 일했던 과수원에서 곶감 포장하는 일을 할 수 있게 되었다. 일거리가 없을 줄 알았던 겨울에 할 수 있는 일이 생겼다. 내가 할 수 있는 일이 있어서 고마웠다. 산티아고 순례를 떠나기 전까지 기회가 있을 때마다 돈을 벌었지만, 계획했던 여행 경비보다 100만 원이 모자랐다. 고민하는 나에게 부모님이 100만 원을 지원해 주겠다고 하셨다. 하지만 나는 그 돈을 선뜻 받겠다고 대답하지 못했다. 이제 막 농촌에 들어와 농사로 생활비를 벌고 있는 우리 식구에게 100만 원은 큰돈이었다. 그런 나에게 부모님은 이렇게 말씀하셨다.

"그럼, 100만 원을 빌려줄게. 다녀와서 갚아. 엄마 아빠가 100만 원 정도 빌려줄 힘은 있어. 그리고 모든 것을 다 혼자 힘으로 해내는 게 자립은 아니라고 생각해. 그건 자립이 아니라, 그냥 외로운 거야. 세상에 혼자 힘으로 살아가는 사람은 없어. 때로는 도움을 주고, 때로는 받으면서 자기 삶에 담고 싶은 생각과 의미를 지켜가는 거지. 도움을 잘 받을 수 있어야 잘 나눌 수도 있어. 엄마 아빠는 네가 돈 때문에 이 여행을 포기하지 않으면 좋겠어."

그 말을 듣고 고개를 끄덕끄덕했다. 가고 싶은 마음에 타협하는 건 아닐까 잠시 고민했지만, 모든 것을 다 혼자 해내려 하는 사람이 되고 싶지 않았다. 여행을 다녀와서 빌린 돈을 갚기로 했다. "받는 게 아니라 빌리는 거예요" 하고 부모님에게 여러 번 말했다. 그렇게 산티아고 순례를 떠났다.

파리의 얼굴

2014년 6월 16일, 파리 샤를드골공항으로 가는 비행기를 탔다. '파리에 가는 날이 오긴 오는구나' 싶었다. 약간 긴장은 되었지만 큰 걱정은 없었다. 함께 가는 친구들이 있어 큰 힘이 됐다. 마음은 편안한데, 몸은 또 그렇지 않았나 보다. 비행기에서 10시간 꼬박 잠을 한숨도 못 잤다. 가만히 앉아서 밥을 먹으니 소화도 잘 안 됐다. 어쩌면 몸은 익숙한 품을 떠나 낯선 곳으로 가고 있다는 걸 느끼고 있었는지 모른다.

산티아고 순례를 시작하기 전, 시차 적응을 위해 파리에서 3

일을 머물기로 했다. 파리 거리를 걷다 보니 프랑스에 왔다는 실감이 들었다. 오랜 시간을 품은 건물과 성당, 푸른 눈동자를 가진 사람들, 여기저기에서 들려오는 알아들을 수 없는 프랑스어. 여름 같지 않게 흐리고 조금은 차가운 날씨. 키가 아주 큰 가로수들, 통통하게 살이 오른 비둘기들, 전봇대 없는 거리, 사람들이 걷는 길을 향해 놓여 있는 카페 의자들. 영화에서 보던 풍경이라 그런지 익숙한 듯하면서도 새로운 느낌이 들었다.

"어딜 가 볼까?"

"파리 하면 몽마르트르 언덕이지!"

"에펠탑 아니야?"

"루브르 박물관도 가면 좋겠다. 아, 오르세 박물관도!"

우리는 시차를 느낄 틈 없이 가 보고 싶은 곳이 많았다. 가장 먼저 몽마르트르 언덕에 가 보기로 했다. 메트로를 타지 않고 걸어 다녀서 조금 더 다양한 파리의 모습을 볼 수 있었다.

많은 사람이 파리를 '낭만의 도시'라고 부른다. 물론 낭만과 예술을 품은 도시다. 하지만 길을 걸으면서 그것이 파리의 전부는 아니라는 걸 알았다. 거리 곳곳에 자리를 펴고 누운 노숙자가 보였다. 낯설었던 건 가족 노숙자가 많았다는 점이다. 엄마 품에 안겨 거리에 누워 있는 아이들이 심심찮게 보였다. 그런데 아이들 표정이 어둡지는 않았다. 익숙해졌기 때문일까? 이유는 알 수 없었다. 왠지 아무렇지 않아 보이는 아이들의 얼굴이 내 마음을 더 쓸쓸하게 했다. 골목에서 무리 지어 소리를 지르는 사람들도 보았다. 무슨 말을 하는지 알아들을 수 없었지만 긴장감이 흘렀다. 되도록 빠른 걸음으로 그 거리를 빠져나왔다.

몽마르트르 언덕 꼭대기에 있는 사크레쾨르 성당으로 갔다. 파리 시내가 한눈에 내려다보였다. 시내 풍경을 보고 있는데 하프 소리가 들렸다. 하프 연주자가 성당으로 올라가는 계단에 앉아 거리 공연을 하고 있었다. 하프 소리를 실제로 들은 건 처음이었다. 하얀 구름이 흐르는 봄날 같은 소리였다. 친구들과 계단에 앉아 잠시 하프 연주를 들었다.

사크레쾨르 성당에 들어가기 위해 줄을 섰다. 독특한 건축 양식을 가진 성당이었다. 구석구석 성당을 둘러보다가 허름한 옷을 입고 성당 문 앞에 앉아 있는 할머니를 보았다. 두 손을 모아 위로 높이 들고 고개를 숙이고 있었다. 하지만 성당으로 들어가는 거의 모든 사람이 할머니에게 눈길 한번 주지 않았다. 어쩌다 한 사람이 할머니의 손바닥에 1센트짜리 동전을 올려 줄 뿐이었다. '할머니는 왜 저리도 슬픈 눈을 가지게 되었을까…' 할머니 옆을 지나가던 순간이 한참 동안 마음에 걸렸다.

하프 소리가 잘 어울리는 낭만의 도시 파리. 그곳에도 사람이 살았다. 행복한 얼굴이 있는 만큼 화난 얼굴, 슬픈 얼굴, 때로는 이해할 수 없는 얼굴들이 있었다.

다시, 출발

아침 일찍부터 서둘러 생장으로 출발했다. 갈 길이 멀었다. 생장피드포르(Saint-Jean-Pied-de port)는 산티아고 순례길이 시작되는 곳이다. 테제베(TGV, 프랑스 고속철도)를 타기 위해서 파리 몽파르나스 역으로 갔다. 원래는 바욘(Bayonne)을 경유해 생장으로 갈 계획이었다. 그런데 철도 파업으로 보르도까지만 열차 운행을 한다고 했다. 승차권을 예약한 카드까지 문제가 생겨 발권도 하지 못한 상황이었다. 당황스러웠지만 친구들과 묻고 또 물으며 도움을 구한 덕에 무사히 기차를 탈 수 있었다.

테제베를 타고 보르도(Bordeaux)로 갔다. 그리고 보르도에서 버스를 타고 바욘으로 향했다. 생장으로 가기 위해선 바욘으로 가야 했다. 하지만 거기서 끝이 아니었다. 바욘에서 생장으로 가는 테제베를 타기 위해 3시간을 기다려야 했다. 좌석이 없어서

3시간 뒤에도 테제베를 탈 수 있을지 없을지 정확하지 않은 상황이었다. 어떻게 될지 알 수 없는 긴 기다림이 이어졌다. 운이 좋게도 자리가 생겨 테제베를 탈 수 있었다. 하지만 표를 잘못 끊는 바람에 중간에 내려 다시 버스를 타고 가야 했다. 파리에서 생장은 5~6시간이면 갈 수 있는 거리였지만 우리는 13시간의 장정 끝에 생장에 도착할 수 있었다. 산티아고로 향하는 첫날부터 우여곡절이 많았다. 그래도 무사히 도착했다. '부딪히다 보면 방법이 찾아지는구나.' 가슴을 쓸어내리는 저녁이었다.

가장 먼저 순례자 사무소로 가서 '크레덴시알(credencial)'을 받았다. 크레덴시알은 순례자라는 것을 증명하는 순례자 여권이다. 이 여권이 있어야 '알베르게(Albergue; 순례자들을 위해 마련된 숙소)'를 이용할 수 있다. 지나는 마을마다 알베르게가 있다. 알베르게에서 크레덴시알에 도장을 찍어 준다. 성당이나 바, 식당에서도 받을 수 있다. 그렇게 하루하루 길을 걸으며 도장을 받는다.

산티아고에 도착할 즈음이 되면 크레덴시알이 거의 다 채워진다. 순례자들은 이 여권을 만드는 것으로 순례를 시작한다.

내 가방에 산티아고를 상징하는 가리비 조개를 달았다. 순례자 사무소에서 기부금을 내고 가리비 조개를 받을 수 있다. 생장에서 하루 머물고 다음 날부터 순례길을 걷기로 했다.

나는 또다시, 새로운 출발점 위에 서 있었다.

달 팽 이 처 럼

산티아고 순례길은 피레네산맥을 타고 프랑스에서 스페인으로 국경을 넘어가는 것으로 시작한다. 피레네산맥을 넘는다는 생각에 바짝 긴장했다. 국경을 넘는다고 하니 왠지 황량하고 험한 길이 떠올랐다. 하지만 내 상상과는 아주 다른 길이었다. 길옆으로 펼쳐진 푸른 언덕에 하얀 양들이 다녔고, 산을 타고 올라가는 만큼 멋진 풍경이 내려다보였다. 마치 동화 같았다.

풍경이 위로가 되었지만, 길게 이어지는 오르막길이 만만치는 않았다. 순례 첫날이었고, 가방 무게에도 적응하지 못해서 더 힘이 들었다. 함께 출발한 친구들은 앞서가서 보이지 않았다. 꼭 피레네산맥을 넘다가 만난 풍경이에요.

들판을 지나는 양떼를 보면서 '내가 산티아고에 와 있구나!' 하고

다시 한번 실감했어요.

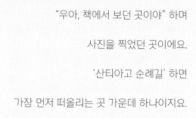

"우아, 책에서 보던 곳이야" 하며

사진을 찍었던 곳이에요.

'산티아고 순례길' 하면

가장 먼저 떠올리는 곳 가운데 하나이지요.

같이 걷기보다 자기 속도에 맞추어 걷기로 했다. 거친 숨을 쉬며 지팡이를 짚고 서 있는 나에게 지나가는 순례자들이 "Animo!(아니모!)" 하고 주먹을 불끈 쥐어 보였다. 스페인어로 "힘내!"라는 뜻이다. 함께 걷는 순례자들과 이따금 나누는 인사가 힘이 됐다. 길을 걷다가 "Hola(올라)" 하고 인사하면 "Hola. Buen Camino(올라, 부엔 까미노)!" 하는 인사가 돌아왔다. 산티아고는 모두가 누구에게나 인사할 수 있는 길이었다.

생장에서 7킬로미터쯤 떨어진 곳에 오리손(Orisson)이라는 산장이 있다. 그 뒤로는 다른 마을이 없어서 론세스바예스(Roncesvalles)까지 가야 한다. 오리손은 공간이 작아서 많은 순례자가 머물 수 없었다. 그렇다 보니 거의 모든 순례자가 론세스바예스까지 걷는다. 나도 론세스바예스까지 갈 계획이었다. 끝없는 오르막을 걸으면서 가방 무게를 줄여야겠다는 생각이 가장 많이 들었다. 평소에 쓰던 것과 견주어 보면 정말 얼마 안 되는 물건들인데 말이다. '무얼 더할까?'가 아니라 '무얼 줄일까?' 생각하다 보니 왠지 홀가분한 기분이 들었다. 사람이 살아가는 데 생각보다 많은 것이 필요하지 않구나 싶었다. '달팽이처럼 내가 질 수 있는 만큼만 갖고 사는 것도 자유로운 일이겠구나' 생각했다.

나에게 하는 말

옷 한 벌과 수건 하나, 혹시 필요할까 싶어서 나누어 받았던 여분의 물통. 이런저런 물건들을 필요한 다른 순례자에게 나누어 주니 가방이 조금은 가벼워졌다. 다시 길을 나서기 위해 가방을 싸고 있었다. 쓰고 싶을 때 쉽게 뽑아 쓰기 위해서 공책과 펜은 물통을 꽂는 가방 옆 주머니에 넣었다. 옆 침대에서 짐 정리를 하던 친구가 "오, 공책이랑 펜은 늘 가까이! 산티아고에서 멋진 시 많이 쓰겠네" 했다. 그 말을 듣고 문득 내 안에서 흔들리는 마음 하나를 찾았다. '좋은 글을 쓸 수 있을까?' 하는….

다른 누구에게 보이기 위한 글이 아니라, 자연스러운 글을 쓰겠다는 마음으로 순례를 시작했다. 그런데 막상 떠나고 보니 산티아고 순례를 했다면 괜찮은 글 몇 편은 써 주어야 할 것 같은 생각이 들었다. 온통 밖으로 흩어져 있는 시선을 내 안으로 집중할 수 있는 힘이 필요했다. 내가 길을 걷는 것은 공책 몇 장을 더 채우기 위해서가 아니었다. 지금까지 내가 찾고 지키려고 애썼던 나다움을 회복하는 일이 먼저였다.

친구에게 "시가 나한테 찾아와 줘야 쓰는 거지" 했다. 사실 나에게 하는 말이었다. 글을 하나도 쓰지 못해도 괜찮다고, 그냥 오늘 이 시간을 산티아고 길 위에서 흘려보냈다는 것, 그것이면 충분하다고 말이다.

업 데 이 트

팜플로나(Pamplona)에서 푸엔테 라 레이나(Puente la Reina)로 가는 길이었다. 길을 잃고 둘레를 두리번두리번 살피고 있었다. 그때 초록빛 셔츠를 입은 노란 머리 아저씨가 나에게 손짓하며 방향을 알려 주었다. 하얀 자동차를 탄 아주머니는 내가 먼저 길을 건널 수 있도록 차를 세워 주었고, 고운 원피스를 차려입은 할머니는 길을 잘못 드는 나를 불러 다시 길을 알려 주었다. 길을 걷다 보면, 마을 사람들이 순례자들을 위해 집 앞에 내어놓은 간식거리와 음료들이 심심치 않게 보였다.

생각해 보면 낯선 순례자들이 날마다 마을을 지난다는 건 힘든 일이다. 하지만 그들은 순례자들을 위해 자기 시간과 마음을 내어 주었다. 많은 사람이 기꺼이 그렇게 했다. 순례길과 순례자들은 그렇게 자연스레 마을의 한 부분이 되어 있었다.

산티아고 순례길은 9세기(801~900년) 스페인 산티아고데콤포스텔라에서 성 야고보의 유해가 발견되면서 만들어지기 시작했다. 유럽 곳곳에서 순례자들이 산티아고를 오갔다. 지금도 러시아, 핀란드, 이탈리아, 포르투갈, 프랑스… 등 산티아고로 가는 길이 여러 갈래다. 성 야고보는 예수님의 열두 제자 가운데 한 사람이다. 야고보는 스페인에 첫 복음을 전파했던 사람이라고 전해진다. 그렇기에 스페인 사람들에게 더 큰 의미가 있는 성인일 것이다.

야고보에 관해 남아 있는 일화가 있다. 야고보가 순교한 뒤 어디에 묻혔는지 아는 사람이 없었다. 그러던 어느 날 밤, 하늘에 뜬 별이 언덕을 환하게 비추고 있었다. 별이 비추는 곳에 가 보니 가리비에 둘러싸인 성 야고보의 유해가 있었다는 이야기다. 그래서 산티아고의 상징이 가리비 조개이기도 하다. 산티아데콤포스텔라라는 도시 이름은 '별의 들판'이란 뜻의 라틴어 '캄푸스 스텔레(campus stellae)'에서 유래되었다.

전통 순례 방식은 자기 집에서 출발하는 것이지만, 시간이 흐르면서 순례자가 많이 다니는 몇 가지 경로가 정해지게 되었다. 하지만 중세시대에 수많은 순례자가 찾던 산티아고 길은 유럽을 휩쓴 흑사병과 종교 개혁으로 잠시 발길이 뜸해졌다. 1980년대에는 한 해에 몇백 명 정도의 순례자가 찾아오는 한적한 순

길을 걷다 보면

낯선 순례자들에게

기꺼이 자기 시간과 마음을

내어 주는 마을 사람들을

만날 수 있어요.

레길이 되었다. 그러다 1987년 유럽평의회가 첫 번째 유럽 문화 길로 산티아고 순례길을 선정했고, 1993년에 유네스코 세계문화유산이 되면서 해마다 30만 명이 넘는 순례자가 찾아오는 길이되었다. 종교와 상관없이 다양한 이유를 마음에 품고 산티아고 순례길을 찾는 사람이 늘고 있다.

9세기부터 시작된 역사만큼 산티아고 순례길은 아주 오랜 세월을 거쳐 만들어진 길이다. 산티아고 순례길이 가진 힘은 그 시간에서 나오는 것이 아닐까? 낯선 순례자들에게 기꺼이 자기 시간과 마음을 내어 주는 마을 사람들도 산티아고 길이 가진 힘이다. 없던 길이 만들어진다는 건 그리 만만한 일이 아니다. 무언가 새로운 것이 만들어지고, 자리를 잡기까지 얼마나 많은 시간이 필요한지 생각하게 되었다. 삶과 세상에도 새로운 것을 자연스럽게 만드는 과정이 필요했다. 끝없이 새로운 것을 만들기보다, 시간을 들여 자연스러운 조화를 이루는 데 더 많은 애를 써야 하지 않을까?

이런저런 생각을 하다가 문득 우리나라 벽화 마을이 떠올랐다. 2006년에 '아트 인 시티(art in city)'라는 프로젝트가 시작되었다. 사람이 많이 살지 않는 마을이거나, 소외되어 사라질 위기에 놓인 마을의 생활환경 개선을 위해 여러 사람들이 협력해 벽화를 그렸다. 이 프로젝트로 전국에 많은 벽화 마을이 생겨났다. 알록달록 그려진 벽화에 많은 관광객이 마을을 찾아왔다. 관광객들에게 얻는 수입이 마을 경제에 도움이 되었고, 예술가들이 벽화 마을 사업에 참여하면서 일자리가 생기기도 했다.

사라질 뻔한 마을에 이렇게 많은 사람이 찾아오게 되었으니 잘된 일이라 할 수도 있다. 하지만 '갑자기 내가 사는 마을에 낯선 사람들이 날마다 찾아온다면 어떤 마음일까?' 생각만 해봐도 이만저만 불편한 일이 아니다. 마을 주민들의 이야기를 들어보면, 밤늦은 시간까지 마을 골목을 다니며 큰 소리로 이야기하는 사람들뿐 아니라, 대문을 벌컥 열고 들어오는 사람들도 있다고 한다. 벽화 마을 주민들이 끝없는 관광객 때문에 신경이 곤두서 있는 것도 이해가 된다. 더구나 시간이 지나면서 다시 예전 모습으로 돌아가는 벽화 마을도 생겼다. 예산이 없어서 훼손된 벽화가 그대로 방치되었기 때문이다.

그렇지 않은 마을도 있지만, 지역 주민들과 상관없이 벽화 사업이 이루어진 곳도 많았다. 그렇다 보니 그 마을 사람들의 삶이 벽화에 담기지 못했다. 관광객들을 위해 계속해서 새로운 벽화를 그릴 것이 아니라, 마을에서 살아가는 사람들이 그곳에서 새로운 이야기를 만들 수 있도록 해야 한다. 벽화 마을에 찾아가는 사람들도 함께 그 마을을 귀하게 여길 수 있도록 말이다. 그냥 한번 가고 마는 소비거리가 되어 버린다면 마을이 건강하게 되살아났다고 말할 수 있을까?

충분히 시간이 쌓이고 이야기가 담겨야 귀하게 여길 만한 가치가 생긴다. '쉴 새 없이 업데이트되는 세상에서 나는 어떤 이야기를 담는 사람이 되어야 할까?' 산티아고 길을 걸으며 나는 이 고민을 하는 데 충분한 시간을 들여 보기로 했다.

요리할 건가요?

로스 아르고스(Los Arcos)라는 마을에 도착했다. 길을 걷다가 만난 친구들과 모여 알베르게에 들어가게 되었다. '오늘도 무사히 걸어왔구나' 하는 생각에 가뿐한 걸음으로 알베르게를 찾아갔다. 하지만 우리를 맞이한 호스피탈레로(알베르게를 관리하는 사람)의 표정은 굳어 있었다. 그가 우리에게 건넨 첫마디는 "요리할 건가요?"였다.

우리는 저녁밥을 해 먹을 생각으로 주방이 있는 알베르게를 찾아갔다. 그런데 호스피탈레로는 주방을 쓰지 말라고 했다. 지난번 한국인 단체가 와서 주방을 어질러 놓고 뒷정리를 하지 않았다는 것이 이유였다. 한국 사람이라고 다 똑같지 않으니 편견을 가지지 않으면 좋겠다고 말했지만, 그의 굳은 표정에는 변함이 없었다.

계속되는 이야기 끝에 호스피탈레로는 그럼 요리를 30분 안에 마치라고 했다. 한국 사람들이 주방을 너무 오래 쓴다면서 말이다. 이야기를 이어 갈수록 마음만 상했다. '이곳을 지나간 한국 사람들이 도대체 어떻게 했기에 이렇게 마음을 닫고, 눈살을 찌푸리는 걸까?' 싶었다. 또 한편으로 '예전 경험으로 편견을 가지지 말아 달라는 우리를 그렇게 대해야만 했을까?' 하는 생각도 들었다. 산티아고 순례를 시작하고 처음 겪는 일이었다.

결국, 다른 알베르게를 찾아갔다. 하지만 말로 표현하지 않을 뿐, 그곳 역시 한국 사람에 대한 시선이 좋지 않았다. 우리는 모두 다른 모양을 가진 다른 사람이다. 하지만 우리 앞에 걸어간 한국 사람들이 우리를 대하는 기준이 되었다. 세계 각국 사람들이 모이는 만큼, 우리는 한 개인이기 전에 '한국 사람'이었다. 다음에 걸어올 한국 사람들을 위해서 어느 때보다 꼼꼼하게 머문 자리를 정리했다. 저녁을 먹는 내내 입이 씁쓸했다.

나에게 알맞은

길을 걷다가 달팽이를 만났다. 길을 가로질러 건너편 풀숲으로 가고 있었다. 저렇게 느릿느릿 어느 세월에 도착할까? 내가 오늘 가려고 하는 마을에 도착할 즈음이면 달팽이도 건너편 풀숲에 닿아 있을까? 한참 동안 달팽이를 바라보았다. 그리고 무심코 지나는 사람들의 발에 밟히지 않고 무사히 이 길을 건너갈 수 있기를 기도했다.

느려도 괜찮다고, 내 속도를 잃지 말자고 수없이 나에게 이야기해 왔다. 그런데 달팽이를 보다가 문득 '내 속도를 잃지 않는 게 뭘까?' 싶었다. 도로처럼 속도가 표시된 표지판이 있는 것도 아닌데 말이다. 나는 질문이 생기면 끈질기게 고민하는 버릇이 있다. 피곤한 버릇이지만, 다행히 도움이 될 때가 더 많다. 그날도 길을 걷는 내내 속도에 관한 생각을 했다.

나보다 빨리 가는 사람들의 뒷모습을 보았다. 뒤에서 걸어와 나를 앞질러 가는 사람들도 있었다. 걸음이 얼마나 빠른지 얼마 지나지 않아 눈에서 사라졌다. 내 속도를 잃지 않는다는 건, 나보다 빨리 가는 사람의 뒷모습을 바라볼 힘을 기르는 것이 아닐까 생각했다. 나를 앞질러 가는 사람에게 웃으며 인사할 수 있

다면 나는 나에게 알맞은 속도를 잘 지키고 있는 것이 아닐까?

있 는 그 대 로 아 름 다 운 것 들

산티아고에서 2014년 6월의 마지막 날을 맞았다. 그렇다고 특별

할 것은 없다. 오늘도 어제처럼 산티아고로 가는 길을 표시해 주

는 노란 화살표를 따라 부지런히 걸었다. 이따금 '꼭 화살표대로만 가야 할까?' 하고 청개구리 같은 생각을 하면서 말이다. 배고플 때 점심밥을 챙겨 먹었고, 저녁에는 무얼 먹을까 고민했다. 그리고 '오늘은 어떤 마을에서 어떤 사람을 만나게 될까?' '어떤 알베르게에서 머물게 될까?' 궁금했다. 그렇게 걷고 걸어서 머물다 갈 마을에 도착했다. 몸을 씻고 빨래까지 마치고 나면 온몸이 둥실둥실 가벼웠다.

그곳 시간은 신기할 만큼 단순했다. 고맙고 다행인 것은 그 단순한 시간을 편안하게 누렸다는 것이다. 이상하게도 일상이 단순해질 때 묘하게 뒤따라오는 불안이 있다. 무언가 더 채워야 할 것 같은 마음이 자꾸 따라다닌다. 힘을 빼고 단순해진다는 건 오랜 연습이 필요한 일이다.

나는 늘 생각이 많다. 생각이 많은 것이 나쁜 건 아니지만, 이따금 얽매이는 느낌을 받을 때가 있다. 어쩌면 너무 많은 것에 의미를 담으려 하기 때문일지도 모른다. 그런데 산티아고 길을 걷는 시간만큼은 무언가 하려고 애쓰지 않고도 마음껏 편안할 수 있었다. 내 걸음과 자연이 주는 만큼 생각하고, 나에게 담기는 만큼 담았다. 내가 어떤 의미를 부여하지 않아도 자연은 있는 그대로 아름다웠고, 걸음 따라 시간은 흘러갔다. 소중한 것에는 어떤 의미가 담기기 마련이지만, 있는 그대로 소중한 것도 있다. 잘 보이지 않아서 아무도 의미를 담지 않는 작은 꽃이 존재만으로 아름다운 것처럼 말이다. 복잡한 생각 없이 있는 그대로 아름다운 것들을 바라보고 싶었다. 생각이라는 틀을 훌훌 벗어 버리고.

혼 자 걷 는 날

아침 일찍 출발해 도착한 아레스(Agés)에서 친구와 커피 한잔을 마셨다. 그 뒤로 친구와 헤어져 부르고스(Burgos)에 도착할 때까지 혼자 걸었다. 혼자 걷다 보면 길을 걷는 다른 순례자가 말을 걸어오기도 했다. 한국어, 일본어, 영어, 프랑스어, 스페인어, 독일어. 각자 자기 언어를 쓰면서도 이야기를 나눌 수 있다는 게 신기했다. 짧은 외국어 실력 때문에 깊이 있는 대화를 나누지는 못했지만 말이다.

산티아고 순례길을 걷는 사람들에 대한 믿음이었던 걸까? 산티아고에서는 낯선 사람들 사이에서 혼자 길을 걷는 시간이 불안하거나 걱정되지 않았다. 혼자 여행하다 보면 늘 약간의 긴장이 따라다닌다. 혹시 일어날지 모르는 어떤 위험으로부터 나를 지켜야 하기 때문이다. 특히 여성은 더 그렇다. 하지만 무슨 이유인지 산티아고 길 위에서는 그런 마음으로부터 자유로웠다. 마음껏 혼자 시간을 즐길 수 있었다.

아레스에서 부르고스까지는 30킬로미터 가까이 되는 거리였다. 혼자 길을 걷는데 갑자기 비가 쏟아졌다. 흐린 날씨 탓인지, 갑작스러운 비에 허둥지둥한 탓인지 순례길을 표시해 주는 노란 화살표와 표지판이 잘 보이지 않았다. 길을 잃지 않으려고 얼마나 애쓰며 갔는지 모른다. 부르고스에 도착하고도 알베르게를 찾느라 한 시간을 헤매고 다녔다. 워낙 큰 도시라 알베르게를 찾기가 쉽지 않았다. 여덟 사람에게 알베르게를 물어보았는데 스페인어로 대답하니 도통 알아들을 수가 없었다. 손가락을 가리키는 쪽으로 걸어가 묻고 또 물어서 알베르게를 찾아 들어갔다.

비가 오는 바람에 쉬지 않고 걷다 보니 30킬로미터를 여섯 시간 만에 걸었다. 평소 내 걸음으로 여덟 시간쯤 걸어야 도착할 수 있는 거리인데 말이다. '나도 이렇게 빨리 걸을 수 있구나.' 부르고스에 도착하고도 믿기지 않았다. 이제 겨우 오후 1시를 가리키고 있는 시계탑을 얼마나 뚫어져라 봤는지 모른다.

비 오는 길을 허겁지겁 걷느라 놓친 것이 많은 하루였다. 어떤 길을 걸어왔는지 머릿속에 남는 것이 없었다. 비가 오면 오는

순례길을 걷다가 지나는 이라체 수도원에는 레드 와인이 나오는

수도꼭지가 있어요. 왼쪽에서는 와인이, 오른쪽에서는 물이 나오지요.

이라체 수도원에서는 날마다 100리터씩 순례자들을 위한 와인을 내어 주어요.

길을 지나는 누구나 마실 수 있어요.

대로, 비 오는 풍경을 즐길 수 있었다면 어땠을까? 창문으로 비 내리는 거리를 보며 한참 앉아 있었다.

산티아고의 여름

갈리시아 지방(스페인 서북부에 있는 지방)으로 넘어왔다. 산티아고 데콤포스텔라까지 100킬로미터를 남겨 둔 사리아(Sarria)에서부터 순례를 시작하는 사람이 많았다. 개인뿐만 아니라 단체로 캠프를 오기도 했다. 특히 내가 걸었던 여름은 순례자가 가장 많을 때다. 성 야고보 축일인 7월 25일에 맞추어 걷는 순례자가 많기 때문이다. 축일에 맞추어 3일 동안 산티아고데콤포스텔라에서 커다란 축제가 열린다. 갑자기 커진 순례 행렬에 풍경과 분위기가 사뭇 달라졌다.

사설 알베르게는 하루 전날 예약을 받았고, 공립 알베르게는 경쟁하다시피 서둘러 가야 자리를 잡을 수 있었다. 조금은 소란스럽고 분주한 분위기 가운데 길을 걸었다. 이런 상황이 썩 반갑지 않았다. 되도록 큰 마을을 피해 작은 마을에 머물려고 했다. 하지만 알베르게 예약이 다 차서 뜻대로 되지 않는 날이 많았다.

나뿐만 아니라 다른 사람들도 갑자기 불어난 순례 행렬이 불편한 듯 보였다.

하지만 누가 가라, 가지 마라 할 수 있는 길이 아니었다. 누구나 걸을 수 있어서 '길'이라 한다. 그리고 나도 수많은 누군가 가운데 한 사람일 뿐이었다. 생각하지 못한 분주함이었지만, 끝까지 마음을 잘 지키며 걷기 위해 애썼다.

비 오는 날

친구들과 헤어져 오랜만에 혼자 길을 걸었다. 17킬로미터를 걸었는데, 마을 하나 없었다. 한 시간쯤 걸었을까? 빗방울이 한두 방울 떨어지더니 이내 쏟아지기 시작했다. 급하게 비옷을 꺼내 입었다. 왜 혼자 걷는 날이면 비가 쏟아지는 건지…. 발걸음이 바빠지기 시작했다. 세 시간을 한 번도 쉬지 않고 걸었다. 아무리 걸어도 마을이 나오지 않았다. 마땅히 비를 피해 쉴 곳도 없었다. 지칠 대로 지쳐 있는데 부르고스로 가던 날이 떠올랐다. 그때 나는 '비가 오면 비가 오는 대로 즐기며 걸었으면 좋았을걸' 하고 후회했다.

가만히 서서 투두두두두 비옷에 부딪히는 빗소리를 들어 보았다. 내가 잠시 멈춘 사이, 세 사람이 나에게 인사를 하며 지나갔다. 급한 것 하나 없이 여유로운 표정으로 이야기를 나누며 걸어갔다. 나한테만 비가 내리나 싶어 하늘을 올려다보았다. 빗방울들이 내 얼굴로 떨어져 내렸다.

다시 걷기 시작했다. 여전히 다리는 빠르게 움직였다. 부지런히 걸어 쉬어 갈 마을에 도착했다. 알베르게에 들어가 옷을 갈아입고, 침대에 누워 눈을 감았다. 잠시 서서 들은 빗소리와 나에게 인사하던 세 사람의 모습이 내 안에 남아 있었다.

놀 라 운 아 침

산티아고까지 23킬로미터 남았다. 마음먹으면 하루 만에 갈 수 있는 거리였지만, 산티아고 바로 전 마을인 몬테 델 고조(Monte del Gozo)에 머물렀다. 아주 멀리 산티아고데콤포스텔라 대성당이 보였다. 800킬로미터를 걸어 산티아고 도착을 앞두고 있었다.

내가 산티아고에 도착한 날은 7월 24일, 성 야고보 축일 전야제가 열리는 날이었다. 성 야고보 축일은 스페인의 국경일로 정해질 만큼 크고 중요한 축제라고 한다. 순례자가 아닌 사람들도 축제를 위해 산티아고를 찾아오니 생각보다 더 많은 사람이 모였다.

아침 일찍 출발해 산티아고로 왔지만 역시나 자리가 남아 있는 알베르게를 찾기 어려웠다. 대성당 근처부터 외곽까지 구석구석 찾아다녔지만 모든 알베르게가 꽉 차 있었다. 호텔도 마찬가지였다. 산티아고에 도착한 기쁨을 마음껏 누리기도 전에 잠잘 곳을 걱정하고 있다니…. 한 달이 넘는 시간을 걸어서 이곳에 도착한 나에게 가장 중요한 것이 뭘까? 산티아고에 도착한 이 순간을 기뻐하고 즐기고 싶었다. 숙소 걱정은 잠시 미뤄 두기로 했다.

순례자 증서를 받기 위해서 순례자 사무소를 찾아갔다. 꼭 처음부터 걷지 않아도 100킬로미터 이상 순례길을 걸으면 순례자 증서를 받을 수 있다. 먼저 찾아온 순례자들이 긴 줄을 이루고 있었다. 증서를 받으려면 꽤 오랜 시간이 걸릴 것 같았다. 차례를 기다리며 둘레를 돌아보니 익숙한 얼굴들이 보였다. 순례길 어디선가 만났던 사람들과 눈인사를 나눴다. '모두 무사히 잘 도착했구나' 싶어 마음이 편안했다. 순례자 증서를 받으려고 크레덴시알을 들고 서 있었다. 한 칸 한 칸 찍힌 도장을 보니 그동안 걸어온 길이 머릿속에 흘러갔다. 그렇게 40분이 훌쩍 지나고 순례자 증서를 받았다. 구겨지지 않게 살며시 말아서 함께 받은 종이 통에 넣었다.

미사 시간에 맞춰 대성당으로 갔다. 산티아고데콤포스텔라 대성당이 드디어 내 눈앞에 서 있었다. 보수 공사를 하느라 산티아고 성당에는 쇠파이프 대가 높이 설치되어 있었다. 기대했던 풍경은 아니었지만 아무렴 괜찮았다. 800킬로미터를 한 걸음씩 걸어 도착했다는 사실에는 변함이 없었다. 아는 사람, 모르는 사

산티아고 대성당 앞에 도착해

함께 출발했던 친구들과 사진을 남겼어요.

날마다 길을 걷지만,

제가 걸어온 한 걸음이

어느 때보다 벅찼던 순간이에요.

람 할 것 없이 대성당 앞에 선 사람들 모두가 함께 기뻐했다. 그 늘 한 점 없이 웃는 사람들의 얼굴이 기적 같았다. '세상에, 이렇게 환한 표정을 가진 사람들이 한자리에 모이다니!' 그렇게 산티아고에 왔다는 실감을 했다. 미사를 드리고 나와 친구들과 성당 앞에서 사진을 찍었다.

친구들과 맥주를 마시며 밤늦도록 이어지는 축제를 즐겼다. 그런데 아직 우리에게는 잠자리에 대한 고민이 남아 있었다. '어디서 자지?' 다음 날, 피니스테레로 가는 순례를 이어 가야 했기 때문에 밤을 꼬박 새우는 건 무리일 것 같았다. 친구들과 한뎃잠을 자기로 했다. 알베르게와 호텔이 꽉 차 버려서 거리 곳곳에 자리를 깔고 누운 사람이 흔했다.

새벽 3시까지 이어진 공연과 불꽃놀이를 보고, 잘 곳을 찾아 다녔다. 산티아고 대성당 뒤편 회랑에 자리를 잡았다. 친구들과 나란히 박스를 깔고, 그 위에 침낭을 폈다. 혹시나 손이 탈까 싶어 가방은 꼭 베고 누웠다. 새벽 추위가 조금 걱정이었지만 침낭에 쏙 들어가니 그럭저럭 괜찮았다. 양옆으로 누운 친구들의 온기가 느껴졌다. 혼자가 아니라는 이유로 부끄럽지도, 걱정스럽지도 않았다. 누워 보니 회랑 기둥과 밤하늘, 지나다니는 사람들의 머리끝이 보였다. 산티아고 대성당 회랑이라니, 이 정도면 멋진 노숙이었다.

깨우는 사람이 없으니 아침 7시까지 푹 잤다. 일어나 보니 오늘 산티아고로 들어온 순례자들로 거리가 붐볐다. '내가 길바닥에서 이렇게 잘 잘 줄이야.' 놀라운 아침이었다.

0km

'피니스테레'와 '묵시아'라는 스페인 땅끝마을까지 순례길이 이어져 있다. 보통 산티아고에서 순례를 마치지만 바닷길을 따라 순례를 이어 가기도 한다. 산티아고에서 4~5일쯤 더 걸어 도착할 수 있는 곳이다. 산티아고에 함께 간 친구들과 피니스테레를 지나 묵시아까지 걷기로 했다.

축제를 벗어나 다시 고요한 길 위에 섰다. 이렇게 조용한 시간은 정말 오랜만이었다. 덕분에 차분하게 순례를 정리할 수 있었다. 산티아고에서 멈추지 않고 이 길을 더 걷길 잘했다고 생각했다. 길을 걷다가 바다가 보이는 바에 들어갔다. 카페 솔로(café solo)를 마시면서 바다를 보았다. 이제 얼마 남지 않은 시간을 이 커피만큼 진하게 담아 두고 싶었다.

'카페 솔로'를 우리에게 익숙한 말로 하면 에스프레소다. 스페인에는 아메리카노라는 것이 따로 없었다. 우유가 들어간 라떼는 '카페 꼰 레체(café con leche)'라고 한다. 커피와 우유라는 뜻이다. 나는 우유를 좋아하지 않아서 산티아고를 걷는 내내 카페 솔로를 마셨다. 에스프레소가 그렇게 맛과 향이 좋은지 몰랐다. 길을 나서서 만나는 첫 번째 또는 두 번째 마을에서 꼭 커피 한 잔을 마셨다. 산티아고를 걸으면서 카페 솔로와 비스킷 한 조각을 먹는 시간이 얼마나 좋았는지 모른다.

바다를 보면서 생각했다. '산티아고는 나에게 어떤 의미일까?' 아직 잘 모르겠다는 것이 가장 솔직한 표현일 것 같았다. 자연스러운 글을 쓰고 싶다고 했지만, 기록을 남긴 날보다 그냥 흘려보낸 날이 더 많았다. 예전에 나는 하루도 빠지지 않고 일기를 쓰려고 했었다. 돌아갈 수 없는 시간을 남겨 놓고 싶었기 때문이다. 날마다 일기를 쓰려고 무던히 애쓰는 나에게 "다 붙잡아 두지 않아도 괜찮아. 흘러가는 건 흐르는 대로 두어도 돼"

하고 말해 주었던 분이 있었다. 그때는 그 말을 이해하지 못했다. 산티아고 순례를 정리하다가 문득 그분이 했던 말이 떠올랐다. 그냥 흘러가는 건, 흐르는 대로 두어도 괜찮다는 말이 어떤 뜻인지 이제는 조금 알 것 같았다.

피니스테레에 도착해 0km 표지판을 보았다. 산티아고 순례길에는 앞으로 길이 얼마나 남았는지 알려 주는 표지판이 있다. 0km. 이제 다 왔다. 스페인 땅끝에 서니 오른쪽 끝부터 왼쪽 끝까지 하늘과 바다밖에 보이지 않았다. 하얀 구름 몇 점이 뭉실뭉실 떠다닐 뿐이었다. 그 풍경이 꼭 내 마음 같았다. 고요하게 가라앉은 마음에 하얀 생각 몇 점이 둥실둥실 흐르고 있었다.

신발을 벗어 옆에 가지런히 두고, 다시 한참 동안 바다를 바라보았다. 이제 한국으로 돌아가면 나는 다시 씨앗을 뿌리고, 밭을 돌보며 작물을 수확하는 농부로 살아갈 것이다. 집으로 돌아가 일구어 가게 될 일상을 떠올리니 왠지 힘이 났다. 수많은 시선 가운데서도 나는 내가 갈 수 있는 길을 한 걸음씩 걸어가겠노라 생각했다. 앞길이 잘 보이지 않아서 때로는 막막해도, 결국 내가 할 수 있는 일은 한 걸음을 내딛는 것뿐이었다. 800킬로미터가 넘는 길을 걷고 난 뒤, '한 걸음씩'이라는 말에 또 다른 힘이 느껴졌다.

산티아고에 다다르면 'TO THE END'라는 표시가 있어요.

영화는 마지막 장면이 나오고 나면 끝이 나지만,

삶에서는 늘 끝 다음에 새로운 시작을 맞이해요.

지금 제가 걷고 있는 길도 오래전에 걸었던 이 길과 연결되어 있어요.

스페인 땅끝 피니스테레에서 바라본 바다예요.

이쪽 끝부터 저쪽 끝까지 바다만 보이는 풍경을 한참 동안 바라보았어요.

내 두 발로 걸어갈 수 있는 땅끝까지 걸어서 대서양을 보니

'지구에서 나는 아주 작은 존재'라는 생각이 들었어요.

내가 그렇게 크고 대단한 존재가 아니라는 사실이

왠지 홀가분하기도 했어요.

너도 행복해

피니스테레에서 27킬로미터를 더 걸어서 묵시아로 왔다. 묵시아는 조용한 바닷가 마을이었다. 길을 헤매는 바람에 저녁 7시가 다 되어서야 묵시아에 닿았다. 어렵지도 않은 길을 한참 헤맨 걸 보면 순례가 끝나는 것이 아쉬웠던 모양이다.

아침에 가방을 싸고 길을 나선 것이 어느덧 일상이 되었다. 그런데 내일부터 걷지 않아도 된다니…. 어떤 느낌일지 상상이 되지 않았다. 산티아고 순례를 하면서 만났던 몇몇 사람을 묵시아에서 다시 만났다. 그들도 이제 순례를 마무리하고 있었다. 만나고 헤어질 때면 "또 보자" 하고 서로 인사를 나누었다. 그런데 그날은 나에게 "늘 네가 행복하길 기도할게" 하고 인사를 했다. 산티아고 길을 떠나 자기 나라로 돌아가고 나면, 어쩌면 다시 만나기 어려운 사람들이었다. 조금은 묵직해진 이별 인사에 쌉쌀한 웃음이 지어졌다. "너도 행복해" 하고 손을 흔들었다.

이제 정말 다 걸었다.

바다를 바라보고 있으면 시간이 빠르게 흘러요. 어느새 해가 저물고,

그렇게 또 하루가 흘러갔어요. 이때부터 정말 하루하루가 아까웠어요.

'이제 정말 산티아고 순례가 끝나가는구나' 싶어서요.

6장

낭만 쫌 아는 농부

낭만은 '삶을 아름답게 보는 눈'
이라고 생각해요.
그래서 나에게 낭만은
'이상'이 아니라
'삶'이에요.

제가 19살이 되던 겨울부터 식구들과 산골 마

을에 살기 시작했어요. 농사지으며 삶을 일구어 갈 수 있는 곳을 찾아 여러 지

역을 다녔어요. 다섯 식구가 살 만한 빈집이 있다는 소식이 들리면 어디든 찾

아가 보았어요. 그러다 우연한 인연이 닿아 지금 살고 있는 합천까지 오게 되

었지요. 합천에 오기 전에 경북 청송과 경남 산청에서 몇 달씩 살았어요. 그곳

에서 조그만 텃밭을 일군 것이 첫 농사였어요. 합천에 오면서 해마다 밭 평수

가 조금씩 늘었어요. 고구마 농사 200평을 시작으로 지금은 1,000평이 조금

넘는 밭에서 다양한 작물을 심고 거두며 농사를 짓고 있어요.

사람들은 저에게 "어떻게 젊은 나이에 농사지을 생각을 했어요?"라는 질문

을 많이 해요. 학교 밖 길을 선택한 뒤로 제 삶은 생각하지 못한 방향으로 흘

러왔어요. 도시에 살며 논밭 한번 보지 못한 제가 농부가 될 거라고 어떻게 상

상할 수 있었겠어요? 청소년 때부터 '내가 바라는 삶'에 대해 끊임없이 질문해

왔어요. 그 질문에 대한 답을 찾아가는 길에 저는 자연스럽게 농부가 되었어

요. 아직도 끝나지 않은 질문이고, 정답이 정해져 있는 것도 아니에요. 여러 길

가운데 제가 바라는 삶과 조금 더 가까운 모습을 선택해 온 것이지요. 질문하며 길을 찾는 저에게 부모님은 언제나 '나답게' 살라고 하셨고, 선생님은 무얼 하든 남보다 잘하려 하지 말고, 마음 설레는 일을 하라고 하셨어요. 그런 어른들이 곁에 계셔서 조금 더 용감하게 낯선 길 위에 설 수 있었어요.

언제부터 농부가 되고 싶었냐는 질문을 받은 일이 있어요. 그런데 "어…. 글쎄요?" 하고 선뜻 대답이 떠오르지 않았어요. 자연스럽게 찾아온 길이라 딱 언제부터라고 말하기가 어려웠어요. 곰곰이 생각하다가 "공감유랑 때부터가 아닐까요?" 했어요. 공감유랑을 할 때, 친구들과 여행 경비를 벌기 위해서 농사일을 했으니까요. 누군가의 삶을 잠시나마 함께 살아 본 시간은 말 몇 마디보다 훨씬 더 진한 배움이 되었어요. 농부님들과 흙을 만지며 일하는 시간이 좋았어요. 자연은 내가 살아 있는 존재라는 걸 느끼게 해 주었고, 그런 일을 하며 살고 싶었어요.

말, 말, 말

20살이 되어 친구들이 대학에 갈 때, 나는 농사를 짓기 시작했다. 우리 식구는 농사를 짓겠다고 마음먹은 것 말고는 아무 준비도 하지 못한 상황이었다. 그런 우리를 위해 이웃 농부님들은 200평

하지가 가까워 오면 장마가 시작되기 전에 감자를 캐요.

날이 더울 때라 조금만 움직여도 땀이 주루루룩 흐르지만,

떼구루루 굴러나오는 감자를 보면 절로 웃음이 나요.

고구마는 땅속 깊이 내려가

자라는 성질이 있어요.

고구마 캐는 날에는

한 알도 놓치지 않으려고

열심히 땅을 파요.

봄부터 애써 자라온 고구마를

밭에 남겨 놓고 가면

얼마나 서운하겠어요?

가을은 농부가 부지런히 몸을 움직여야 하는 계절이에요.

부지런히 배추를 심었는데도 어느새 해가 지고 있어요.

가을에는 농부도 야근을 해요.

이따금 장터에 나가 사람들을 만나며 농산물을 판매해요.

'누가 내가 농사지은 양파, 옥수수, 가지를 먹을까?' 궁금할 때가 많아요.

장터에서는 농산물을 사 가는 사람들의 표정을 볼 수 있어서 좋아요.

남짓 되는 밭을 빌려주셨다. 그리고 가장 좋아하는 것부터 심으라고 하셨다. 우리는 두 번 생각할 것 없이 고구마를 심기로 했다.

내가 처음 이 마을에 들어왔을 때 "젊은 아가씨가 뭔 고생을 할라고 농사를 짓는다카노. 고마 공부 열심히 해가 빨리 도시로 나가라"는 말을 많이 들었다. 그때마다 "자연한테 배우는 게 가장 큰 공부잖아요. 저는 농사짓는 게 좋아요" 하고 말했다. 그래도 어르신들은 한동안 농사 그만 짓고 도시에 가라는 말을 계속하셨다. 나를 걱정하는 마음이라고 생각하며 들었다. 그럴수록 더 부지런하게, 더 씩씩하게 밭으로 나갔다.

처음에는 물을 가득 채운 물조리개 하나도 제대로 들지 못해 비틀거렸다. 밭에 거름을 넣을 때마다 낑낑대기 일쑤였다. 그럴 때면 "아이고, 젊은 아가씨가 그래가 농사짓겠나? 여자 혼자는 농사짓기 어렵다" 하는 말을 들어야 했다. 그럼에도 여자라서 못하는 게 아니라 안 해 본 일이라 서툴 뿐이라며 마음을 단단히 먹었다. 더구나 나에게는 필요할 때 도움을 구할 수 있는 사람들이 곁에 있었다.

감자, 고구마, 생강, 수수, 양파, 여주, 깨, 콩···. 한 해가 지날 때마다 밭이 조금씩 늘어 심는 작물도 다양해졌다. 일머리도 꽤 생겼다. 괭이질과 삽질하는 요령도 늘었다. 물조리개도 한 손에 하나씩 들고, 거름 포대도 손수레에 척척 실어 나른다. 그렇게 혼자서 할 수 있는 일은 스스로 한다. 스스로 할 수 있는 것이 많을수록 자유로워지기 때문이다.

이제 마을 어르신들은 나를 만나면 "올해는 무슨 농사짓노?" 하고 물어보신다. "게으름도 안 부리고 야무지게 일 잘한다"는 소리도 듣는다. 어느새 여덟 해째 작은 산골 마을에서 농사를 지으며 살고 있다.

나는 밭에 서 있는 내가 멋있다. 우리 식구가 먹거리를 스스로 심고 가꾼다는 것이 내 삶을 더 당당하게 한다.

낭만 농부

'나는 어떤 농부가 될까?' 생각해 보았다. 문득 내가 좋아하는 단어가 떠올랐다. 바로 '낭만'이다. 이웃 농부님들과 더불어 일하다가 "농부가 낭만 빼면 시체 아이가!" 하고 웃기도 한다. 농담처럼 말하지만 농부에게 낭만이 얼마나 중요한지 알고 있다. 작지만 아름다운 것들을 바라보고, 지켜 갈 수 없다면 농부라는 자리가 무슨 의미가 있을까? 자연과 더불어 살다 보면 자연스레 아름다움이 무엇인지, 내가 잃지 말아야 할 것이 무엇인지 배우게 된다. '낭만 농부가 되어야지.' 꽤나 멋진 생각을 해낸 것 같다.

사전에서 '낭만'을 찾아보았다. '현실에 매이지 않고 감상적이고 이상적으로 사물을 대하는 태도나 심리 또는 그런 분위기'라고 설명되어 있다. 사전의 뜻풀이는 내가 좋아한 낭만과는 다른 느낌이었다. 그렇다고 '감상적', '이상적'이란 단어로 '낭만'을 표현하는 것도 썩 마음에 들지 않았다.

내가 느끼는 낭만은 이런 것이다. 괭이질하다 힘이 들면 나무 그늘에 앉아 내 손으로 만든 박하차 한잔을 마신다. 산밭에 가면 온 마을이 한눈에 보이고, 고운 새소리까지 들리니 어느 찻집 안 부럽다. 가을에는 선선한 바람을 느끼며 산책을 한다. 바람에 밀려 길가에 모인 낙엽을 밟으며 걷는다. 바스락바스락 소리를 들으면 왠지 기분이 좋아진다. 그렇게 마을 한 바퀴를 돌고 나면 주머니에 대추와 감, 밤과 도토리가 한가득이다. 고무 바지를 입은 날은 바지춤을 잡고 걸어야 할 정도다. 출출하면 밭에 있는 늙은 호박을 따다가 식구들과 돌아가며 속을 긁는다. 힘을 모아 긁은 호박으로 호박전도 부쳐 먹고 호박죽도 끓여 먹는다. 저절로 수다스러워지는, 부드럽고 달달한 맛이다. 가지와 고추, 오이와 옥수수 같은 토종 씨앗 받는 일도 부지런히 한다. 햇살이 잘 드는 곳에 씨앗을 말릴 소쿠리를 나란히 줄지어 놓고 나면 얼마나 뿌듯하고 예쁜지 모른다. 요즘은 세차게 부는 겨울바람 소리를 들으며 구들방에 앉아 책을 읽고, 노래를 부르는 낭만을 누리고 있다.

나는 낭만을 '삶을 아름답게 보는 눈'이라고 생각한다. 그래서 나에게 낭만은 '이상'이 아니라 '삶'이다. 몇 해 전, 박노해 시인님의 사진전 〈라오스의 아침〉을 보았다. 그때 내 마음에 남은 문장이 있다.

"돈으로 '사는 능력'보다 스스로 '하는 능력'이 더 큰 사람. 평범한 일상을 선물의 순간으로 만들어 내는 사람. '이만하면 넉넉하다'고 감사하며 나눌 줄 아는 사람. 그 맑고 환한 얼굴은 세상의 빛이다."

나는 '낭만'에 대한 뜻풀이로 박노해 시인님의 글이 딱 어울린다는 생각이 들었다. 스스로 '하는 능력'을 가꾸어 가는 사람에게 낭만이 있기 때문이다. 투박하고 서툴어도 그 삶에는 따뜻하고 자연스러운 낭만이 흐른다. 박노해 시인의 글을 읽으며 다시한번 생각한다.

'더 중요한 것이 무엇인지 잊지 말아야지. 작은 아름다움을 지켜 갈 용기를 잃지 말아야지. 좋을 때도, 힘들 때도 자연에 기

가을걷이를 하기 전에 배추밭에서 콘서트를 열었어요.

마을 농부님들을 초대하고, SNS를 통해 친구들을 초대했어요.

작은 산골짝 마을에 100명이 넘는 사람들이 찾아와

얼마나 놀랐는지 몰라요.

대어 살아야지. 그렇게 나를 잃지 말아야지. 낭만을 누리며 살아야지.'

열매지기 식구들

상추씨 한번 뿌려 본 일 없던 내가 지금까지 농사지으며 살아올수 있었던 것은 만남 덕분이다. '열매지기'라는 이름으로 함께 삶을 나누며 살아가는 농부님들을 만났다. '열매지기'는 '열매를 지키는 농부'라는 뜻이다. 모두 흙을 살리고, 토종 씨앗을 지키기 위해 애쓰는 농부님들이다.

도시에 살다가 농촌에 오니 작은 일 하나 쉬운 것이 없었다. 몸을 써서 일해 본 경험이 거의 없었기 때문이다. 그런 우리에게 열매지기 식구들은 농사를 짓는 모습을 자세히 볼 수 있도록 곁을 내어 주셨다. 오랜 경험을 통해 터득한 농사법도 아낌없이 꺼내어 알려 주셨다. 곁에서 보는 것만큼 진한 배움이 또 있을까. 그뿐만 아니다. 초보 농사꾼들이 때를 놓칠까 "지금쯤 풀 한번 매는 것이 좋겠어요", "장마 오기 전에 감자를 캐는 게 좋겠어요. 우리 집도 이번 주에 다 캐려고 해요" 하고 전화를 주시기도 했다.

그렇게 따뜻한 마음을 듬뿍 나누어 받으며 여러 해가 지나
고 나니 농사일이 꽤 몸에 익었다. 언제 무얼 해야 하는지 알려
주지 않아도 자연스럽게 몸이 움직인다. 농사일이 익숙해진 만
큼 다른 일을 할 수 있는 여유도 생겼다. 우리 식구들은 "밭이 줄
어든 것도 아닌데 참 신기해" 하고 말한다.

농촌이라고 농사만 짓고 살기 바란 것이 아니다. 꼭 도시에
가지 않아도 우리가 원하는 것들을 산골 마을에서도 누릴 수 있
으면 싶었다. 그래서 식구들과 힘을 모아 집 옆에 작은 산골 마을
카페를 열었다. 멀리 가지 않고 갓 내린 아메리카노 한잔을 마시
는 즐거움이 크다. 카페 공간이 생기니 이곳에서 다양한 일이 벌

어졌다. 달마다 '담쟁이 인문학교'와 '삶을 가꾸는 글쓰기반'이 열린다. 일요일마다 동생 수연이가 여는 '기타반'도 있다. 일요일 1시가 되면 마을 아이들이 기타를 메고 기타를 배우러 온다. 이따금 일상을 떠나 자연에서 쉬어 가려는 청소년과 청년들이 며칠 묵어가기도 한다. 이런 작은 일과 만남들이 산골 마을에서 외롭지 않게 살아갈 수 있는 힘이 되고 있다.

금 수 저 농 부

해마다 생강을 수확할 때가 되면 열매지기 농부님들과 생강차 만드는 일을 한다. 여덟 가구가 모여 농사지은 생강으로 생강차를 만든다. 열매지기 식구들은 10년째 생강차를 만들고 있다. 우리 식구는 생강차 만드는 일을 함께한 지 5년 차가 되었다. 생강차를 처음 만들기 시작했던 때에는 좌충우돌이 많았다고 하셨다.

"우리 처음 할 때는 아궁이에 불 지펴 가며, 하루 내내 노 젓듯이 생강차를 저어 만들었어. 시설도 제대로 없어서 비 한번 왔다 하면, 아이고…. 그땐 어떻게 만들었나 몰라."

지금은 웃으며 하는 말씀이지만 좋은 생강차 맛이 일정하게 나오기까지 얼마나 많은 시행착오가 있었을까? 그 시간을 함께 겪지는 못했지만, 생강차에 담기는 자부심만큼은 생강차를 만드는 내내 깊이 느껴진다.

열매지기 식구들은 생강차를 만드는 동안 "청년들이 이 일을 잘 이어서 하려면…"이라는 말을 자주 하신다. 생강차를 만드는 일은 농부에게 적잖은 수입이 된다. 열매지기 식구들은 한 해 수입에 보탬이 되는 생강차 만드는 일을 청년 농부들에게 잘 물려주고 싶어 하신다. 농사로 아주 큰돈을 벌지는 못하더라도, 농촌에서 지치지 않고 살아가기 위한 만큼의 벌이는 필요하기 때문이다. 함께 일하다 보면, 이 일이 다음 세대로 이어지길 바라는 마음과 안정된 생산 구조를 만들기 위해 최선을 다하는 모습이 보인다. 그렇게 열매지기 식구들에게는 늘 받는 것뿐인데도, 산골 마을을 찾아온 청년 농부라는 이유만으로 오히려 내가 고맙다는 말을 듣는다. 산골 마을에서 많이 웃으며 잘 살아 주어서 고맙다고 하신다.

열매지기 식구들이 힘을 모아 '열매지기 영농조합법인'을 만들었다. 처음 하는 일이라 어떻게 하면 되는지 막막했다. 이곳저곳 찾아가 묻고, 몇 날 며칠 함께 머리를 맞댄 덕에 영농조합법인이 만들어졌다. 농부님들은 생각보다 복잡한 절차에 "아이고,

이거 우리 좋을라고 하는 거면 머리 아파가 하것나? 청년 농부들을 위해서 만든다고 하니 포기 안 하고 만들지" 하셨다.

지금 내가 사는 마을에 청년이 많은 것은 아니다. 하지만 앞으로 이곳에 뿌리내리게 될 다음 세대를 위해 힘을 모으는 어른들이 있다. 우리가 조금 더 든든한 울타리 안에서 자립을 고민해 갈 수 있도록 말이다. 그분들이 있어 나는 지치지 않고 꿋꿋하게 농사를 지어 왔다.

열매지기 영농조합법인이 만들어진 날, 엄마에게 "나는 완전 금수저예요" 하고 말했다. 엄마는 "농사지을 땅 한 뙈기 물려주는 것도 없는데 무슨 금수저야? 하다못해 경운기라도 한 대 있어야 은수저쯤 되지" 하셨다. "저는 그것보다 더 귀한 걸 가졌어요. 청년 농부인 내가 농촌에서 자립할 수 있도록 마음을 모으는 어른들이 곁에 있잖아요. 땅과 씨앗을 지켜 가고 싶은 뜻도 잘 맞고요. 이 정도면 금수저가 아니라 금 밥그릇 아니에요?"

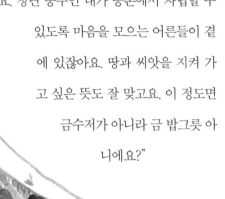

담쟁이 인문학교

우리 마을에서는 셋째 주 토요일마다 '담쟁이 인문학교'가 열리고 있다. 이웃 마을에 사는 농부님들과 힘을 모아 함께 시작한 일이다. 어느새 담쟁이 인문학교가 열린 지 여덟 해째가 되었다.

담쟁이 인문학교는 청소년부터 60대 어른까지 여러 세대가 함께 어울리는 산골 마을 작은 배움터다. 우리 이웃들의 삶 이야기를 들어 보기도 하고, 서로 다른 생각들을 꺼내어 놓고 토론하기도 하고, 강사를 초대해 새로운 지식과 지혜를 나누기도 한다. 인문학교에 나오는 친구들과 힘을 모아 작은 음악회를 열기도 하며 배움터를 꾸준히 일구어 가고 있다.

담쟁이 인문학교를 처음 시작했던 2014년에는 함께하는 청소년이 꽤 많았다. 그 친구들이 고등학교를 졸업하기 전까지는 말이다. 20살이 된 친구들은 대학과 취업, 입대를 이유로 하나둘 마을을 떠났다. 하지만 지금도 부모님과 함께 또는 친구들과 함께 담쟁이 인문학교에 찾아오는 청소년들이 있다. 숫자가 많고 적음을 떠나서 달마다 산골 마을 배움터를 찾아 주는 친구들이 한 사람, 한 사람 소중하고 고맙다.

담쟁이 인문학교에 오는 청소년 가운데는 학교에 다니는 친

한 해를 마치는 12월에는 '모랑모락'이라는 콘서트를 열어요.

담쟁이 인문학교에 나오는 친구들과 함께 무대를 꾸미지요.

우리 목소리로 우리 이야기를 나누는 따뜻한 시간이에요.

달마다 잊지 않고 담쟁이 인문학교를 찾아와 주는 걸음들이

얼마나 소중하고 고마운지 몰라요.

담쟁이 인문학교에서는 해마다 밤 숲을 함께 걸어요.

손전등 없이 달빛에 길을 비추며 걷지요.

산에 누워서 밤하늘을 올려다보는 그 시간이 기다려져요.

구도 있고, 다니지 않는 친구도 있다. 스스로 학교 밖에서 자기 길을 찾아보기로 선택한 친구들이다. 담쟁이 인문학교가 열리는 날, 자리에 앉아 있는 친구들을 보면 내가 홈스쿨링을 하던 때가 생각난다. 삶에 대한 진지한 고민이 시작되는 청소년기에 익숙한 길에서 벗어나 걸음을 내딛는 것이 그리 만만치는 않았다.

청소년기를 지난다고 삶의 방향이나 자립에 대한 고민이 끝나는 것은 아니다. 청년이 되어 친구들을 만나도 '자립'은 여전히 빼놓지 않고 나오는 이야깃거리다. 자립을 다 이루지는 못했더라도, 어떻게 일구어 갈지 길이 환하게 보이면 좋을 텐데… 막막한 순간은 자꾸 찾아오고, 해마다 차곡차곡 쌓이는 나이와 달리 저축 통장은 가볍기만 하다. 나도 여전히 내가 바라는 삶을 어떻게 지키며 살 수 있을까 고민하는 과정이다. 때로는 "그런 일은 돈이 안 돼"라는 말을 들으면 한숨이 푹 나오기도 한다.

하지만 오늘도 나는 내가 바라는 삶을 잃지 않고 살아갈 수 있는 길을 찾고 있다. 돈을 잘 버는 것과 잘 사는 것은 다르다는 생각에 변함이 없기 때문이다. 지금 내가 할 수 있는 일이라고는 포기하지 않고 나아가며, 또 다른 길 하나를 만들어 가는 것뿐이다. 그렇게 애쓰다 보면 내 곁에 있는 친구들에게 작은 힘을 실어 줄 수 있지 않을까?

내가 만나는 청소년 친구들에게 함께 걸을 수 있는 곁을 나누어 주고 싶다. 내 뒤에서 내가 길을 찾아가기를 기다려 주었던 분들이 있었던 것처럼 말이다.

담쟁이 인문학교에서는 앞에서 소개한 사람책 도서관처럼 다양한 모습으로 살아가는 분들을 초대해 삶 이야기를 듣는 '사람책' 시간을 가지고 있다. 그 시간을 통해 청소년 친구들이 삶에는 많은 길이 있다는 걸 알아갈 수 있으면 좋겠다. "나는 이렇게 했으니 너도 이렇게 해" 하고 답을 내려 주는 것이 아니다. 스스로 부딪히다 보면 버거운 순간이 자꾸 찾아오겠지만, 그럼에도 자신이 바라는 삶이 무엇인지 물으며 힘껏 살아가기를 바란다. 그리고 누가 정했는지 모를 '성공'이라는 기준 때문에 자기 뜻과 상관없이 태어나고 자란 마을을 떠나야 하는 친구가 없었으면 좋겠다. 마을에서 함께 등 토닥이며 바라는 삶을 일구어 갈 친구가 있다면 서로에게 큰 힘이 될 테니 말이다. 그렇게 살아가는 사람이 늘어갈수록 세상도 한 걸음씩 바뀌어 갈 것이라 믿는다.

우리가 함께 깃들어 있는 이 작은 배움터가 마을에 깊은 뿌리를 내려, 듬직한 나무로 자라 갈 수 있기를 바란다. 그 나무 그늘 아래, 고민하며 흔들리는 작은 존재들이 쉬어 갈 수 있도록 말이다.

오늘부터

"생각보다 농사지으며 살아도 괜찮을 것 같아. 일하는 것도 꽤 재미있고, 또 밭에서 돌아오면 내가 하고 싶은 일을 하면서 시간을 보낼 수 있잖아."

"그렇지. 바쁜 농사철에는 종일 들에서 일하지만 더운 여름이나 풀이 조금 더디게 자라는 9월 즈음에는 오전에만 일하는 날도 많으니까. 또 비 오면 쉬고, 겨울에도 쉬고."

며칠 동안 우리 집에서 지내다 간 친구와 나눈 이야기다. 농사지으며 사는 것도 괜찮겠다는 말이 퍽 반가웠다. 잠시 일손을 도우며 느끼는 것과 농부가 되어 농사를 짓는 마음은 다르겠지만, 친구 말처럼 내가 하고 싶은 일을 하며 살기에 농부는 꽤 좋은 선택이라고 생각한다.

나는 농사를 지어 먹고사는 농부지만 농사 말고도 하고 있는 일들이 있다. 글을 쓰고 그림을 그리고, 나무를 깎아 무언가를 만들기도 한다. 필름 카메라를 들고 마을을 다니며 사진을 찍고, 책을 읽고 독서 토론도 한다. 이웃들과 힘을 모아 달마다 인문학교를 열고, 마음 맞는 친구들과 음악회도 연다. 이따금씩 다른 지역에 초대 받아 노래 공연을 다녀오고, 농부로 살아가는 이야기를 나누러 다닌다. 돈벌이가 되는 일도 있고, 그렇지 않은 일도 있다. 하지만 좋아서 하는 일이고, 내 삶을 채우는 데 충분한 역할을 하는 일들이다.

오랫동안 "어떻게 농사를 짓겠다는 마음을 먹었어요?"라는 질문을 받으면서 여러 대답을 찾게 되었다. 그 가운데 가장 마음에 드는 것은 "제가 살아 있다고 느끼는 일을 하며 살고 싶어서요"라는 말이다. 내가 일을 정할 때 중요하게 생각하는 기준은 그런 것이다. 나를 나답게, 자연스럽게, 자유롭게 해 주는 것이면 내 일이 될 수 있다.

때로는 이런 이야기를 불편해하는 사람을 만나기도 한다. 산골 마을에서 농사를 지으며 사는 것을 너무 낭만으로만 표현한다는 것이다. 하지만 내가 누리며 사는 삶을 일부러 숨길 필요는 없다고 생각했다. 내가 '낭만'만큼이나 좋아하는 말 가운데 '평범하다'는 말이 있다. '뛰어나게 잘난 것 없는 보통'을 뜻하는 말이다. 내 삶 이야기를 특별하게 들어주는 사람들이 있지만 나는 평범한 사람이고, 평범하게 산다. 내가 바라는 낭만은 거창한 것이 아니다. 지금 흘러가는 평범한 날을 잘 누리고 싶을 뿐이다. 그게 내가 낭만에 대하여 찾은 대답이다.

세상을 바라보면 현실은 막막하고, 치열하고, 어려운 것들로 가득하다. 때로는 그 무엇도 닿지 않을 것 같은 아득하고 캄캄한 마음이 찾아오기도 한다. 하지만 그럴수록 나는 평범한 낭만을 잃지 않으려고 애쓴다. 나를 나답게 해 주고, 살아 있는 존재라고 느끼게 해 주는 그 일들을 말이다. 그런 의미에서 내 낭만은 치열하기도 하다.

처음 농사짓기 시작했을 때, 종일 밭에서 일하는 것은 나에게 그렇게 어려운 일이 아니었다. 오히려 그만 들어오라고 식구들이 말려 주어야 했다. 그만큼 좋아서 하는 일이었다. 그러나 몸이 지치면 마음도 지치는 법이었다. 밭에서 온 힘을 쏟고 집에 돌아오면 가만히 누워 아무것도 하기 싫었다. 하루에 두세 편씩 쓰던 일기도, 틈만 나면 그리던 그림도 그리지 않은 지 오래였다. '기타 치며 노래 부르기도 좋아했는데, 그러고 보니 책을 읽은 지는 얼마나 됐지? 친구는 언제 만났고?' 내가 좋아서 선택한 농사이지만 내가 바라는 삶과는 조금씩 멀어지는 느낌이었다.

동생 수연이는 음악을 좋아한다. 산골 마을에서 살아가는 우리 이야기를 담아 노래를 짓는다. 수연이가 지은 '낭만 농부'라는 노래가 있다. 그 노래에 "낭만이 별건가요. 멈춰 서면 보이는 걸요"라는 노랫말이 나온다. 아무리 좋아서 하는 일도 멈춰야 할 때가 필요했다.

나는 잘 멈춰 서는 연습을 하고 있다. 말처럼 쉽지만은 않다. 처음에는 비가 오지 않는 날, 밭에 나가 일하지 않으면 안절부절했다. 책상에 앉아 그림을 그리다 보면 자꾸 '이렇게 놀아도 괜찮은 걸까?' 하는 생각이 들었다. 일하는 것과 노는 것이 다르지 않은 삶을 살고 싶으면서도, 그림을 그리고 시를 쓰는 것도 내 삶을 채우는 중요한 일이란 걸 알면서도, 그렇게 살 수 있기까지 오랜 연습이 필요했다. 아직 연습해 가는 과정이다. 나는 그렇게 내가 바라는 삶을 일구어 가기 위해 지금도 여전히 애쓰고 있다.

나는 쓸모 있는 사람보다

오늘 본 밤하늘을

쓸 수 있는 사람이 되기로 했다

몇 해 전 봄에 썼던 〈오늘부터〉라는 시다. 나는 쓸모 있는 사
람보다 내 삶을 쓸 수 있는 사람이고 싶다. 오늘 본 밤하늘을 함
께 쓸 수 있는 사람들이 있다면 더 바랄 것이 없겠다.

에필로그

밤하늘 별처럼 가득한

내가 바라는 삶을 찾아가는 여행은 밥상을 차리는 것에서부터 시작되었다. 친구들과 길 위에서 밥을 지어 먹으며 많은 길을 걸었고, 지금은 밭에 다녀와 식구들과 나누어 먹을 밥상을 차리고 있다. 산골 마을에 산 지 여덟 해가 되었는데, 시장 대신 밭에서 장을 보고 밥상을 차리는 일이 여전히 좋다. 밭에서 당근을 쏙 뽑아낼 때, 똑똑똑 고추를 딸 때 마음이 띈다. 이제는 밥상에 내 이야기가, 사랑하는 사람들과 함께한 이야기가 담기고 있다.

홈스쿨링을 시작하고 내 안에 조금씩 구멍이 자라났다. 무얼 해야 할지 몰랐던 불안이었다. 그 구멍은 아직 내 안에 남아 있다. 처음에는 캄캄하고 허전한 구멍이었지만, 지금은 텅 비어 있던 그 자리에 하루하루 쌓아 온 이야기가 쌓였다. 나를 표현해 주는, 나를 잃지 않게 해 주는 이야기들이다.

'나답게 사는 게 뭘까?' 하는 고민을 안고, 나는 나랑 꽤 잘 어울리는 길을 찾아왔다. 자연의 흐름에 맞추어 살아가는 내가 좋아서 농촌에서 산다. 그리고 이곳에서 내가 살아 있는 존재라는 걸 느끼게 해 준 농사를 짓는다. 농부라 불리는 것이 좋다. 하지만 농부라는 이름이 나를 표현하는 전부가 되지는 않았으면 좋겠다.

농사지으며 밥을 짓고, 글을 쓰고, 노래를 부르고, 그림을 그리고, 이따금 장터에 나가 농산물을 팔고, 친구들을 만나 재미난 작당을 벌이고, 또 걷는 여행을 떠나기도 하면서 살고 싶다. 그렇게 나는 '저 사람은 무슨 일 하는 사람'이라고 정의되고 싶지 않다. 한 줄 안에 나를 가두고 싶지 않으니까. '학교 밖에 내가 찾을 수 있는 정답이 있을까?' 생각하던 나는, 정답이 없는 삶을 살고 싶어 하는 사람이 되었다.

지금 내가 있기까지 아무런 조건 없이 나누어 받은 마음이 밤하늘 별처럼 가득하다. 나를 있는 힘껏 믿으며 기다려 주셨던 부모님이 있고, 홈스쿨링을 시작하며 나와 가장 가까운 친구가 되어 준 동생들이 있다.

학교너머 걷기 여행에서 처음 만나 공감유랑과 산티아고 순례를 함께 떠났고, 지금도 삶을 나누며 함께 길을 걷고 있는 차차가 있고, 때로는 선생님이 되고, 때로는 친구가 되어 함께 이야기를 만들어 가는 농부 시인 봄날샘이 곁에 계신다.

내 안에 뜬 별이 다 헤아릴 수 없을 만큼 많다. 내가 길을 찾아갈 수 있게 내 곁에서 묵묵히 빛나고 있는 별들이다. 밤하늘을 보면 그 마음들이 나를 안아 주는 것 같다. 언젠가 나도 누군가의 밤에 뜬 별이 되고 싶다. 그러기 위해서 나는 오늘도 삶이라는 길을 한 걸음씩 걸어가고 있다.

진로 쫌 아는 십대 02

나를 찾는 여행 쫌 아는 10대

낯선 길 위에서 하고 싶은 일을 만나다

초판 1쇄 발행 2021년 7월 15일
초판 2쇄 발행 2022년 2월 28일

지은이 서와
펴낸이 홍석
이사 홍성우
인문편집팀장 박월
편집 박주혜
디자인 신병근
마케팅 이송희 · 한유리 · 이민재
관리 최우리 · 김정선 · 정원경 · 홍보람 · 조영행

펴낸곳 도서출판 풀빛
등록 1979년 3월 6일 제2021-000055호
주소 07547 서울시 강서구 양천로 583, 우림블루나인 A동 21층 2110호
전화 02-363-5995(영업), 02-364-0844(편집)
팩스 070-4275-0445
홈페이지 www.pulbit.co.kr
전자우편 inmun@pulbit.co.kr

ISBN 979-11-6172-803-2 44190
ISBN 979-11-6172-794-3 44080(세트)

이 책은 저작권법에 따라 보호받는 저작물이므로 무단전재와 복제를 금지하며,
이 책 내용의 전부 또는 일부를 이용하려면 반드시 저작권자와 도서출판 풀빛의
서면 동의를 받아야 합니다.

• 책값은 뒤표지에 표시되어 있습니다.
• 파본이나 잘못된 책은 구입하신 곳에서 바꿔드립니다.